AF718008

PARA TENER DINERO EL PERDÓN ES PRIMERO

CONSCIENCIA, AMOR Y GRATITUD

ZULEM COLIN

©Todos los derechos reservados Zulem Colin
Edición
Primera Edición 2020

Dirección y concepto: Zulem Colin
Dirección Editorial: Wendy Utrilla
Coordinación para la publicación en Amazon: Mónica Garciadiego

ISBN: 9798654008466
Independently published

La autora está disponible como conferencista para talleres y retiros para adultos, niños y adolescentes, retiros espirituales, entrenamientos para líderes y sanando las heridas del alma.

Para comentarios y sugerencias puedes escribir a: zulem2000@hotmail.com

Todos los derechos reservados. Ninguna parte de este libro puede ser reproducida bajo ningún medio mecánico, fotográfico o electrónico, o en la forma de registro fonográfico. Tampoco puede ser almacenado en sistema de recuperación, transmisión o cualquier otro método de copia para el uso privado o público, con la excepción del uso justificado como citas breves contenidas en los artículos y revistas con el consentimiento previo del autor.

En el evento de que usted use cualquier información en este libro para su uso personal, el autor no asume ninguna responsabilidad por sus acciones.

DEDICATORIA

Quiero dedicar este libro principalmente al Creador que me ha enseñado el camino maravilloso de la gratitud y el amor. A la Tierra que me sostiene, me abraza y me enseña; y a la Selva, por su sabiduría ancestral.

También escribí estas páginas para que mis Princesas Mágicas encuentren aquí una guía en días difíciles o en momentos de confusión. Ellas me inspiran a ser una mamá diferente y una mejor versión de mí. Es su chispa y su magia lo que me hace querer un planeta distinto y sembrar en cada persona que lea este libro una manera más armoniosa y amable de ver la vida. Ésta es, sin duda, la herencia más grande que puedo dejarles: más consciencia y amor hacia el planeta.

A mi madre, que me dio la vida; a mi papá, que está en el cielo; a mi padrastro, por los años lindos que viví con él y quien amorosamente me regaló su apellido; a mis hermanos, con quienes crecí.

En especial, a mi pareja y compañero, por darme la fuerza e impulsarme a escribir lo que la vida me ha mostrado sobre el dinero, la gratitud, la fe y el enfoque.

Y también te lo dedico a ti, que confías en mí y que con los ojos cerrados has elegido leer este libro.

AGRADECIMIENTOS

Doy gracias a todas y cada una de las experiencias que he tenido; algunas de las cuales creí que no eran tan buenas al principio, pero que con la sabiduría del tiempo supe ver como perfectas. Gracias a todas aquellas personas con las que me he encontrado y que han sido parte de mi experiencia en el juego de la vida. Gracias a mi madre, que siempre se esforzó por darme lo mejor; a mi papá que, aunque no estuvo como me hubiera gustado, fue el hombre perfecto, al cual no cambio por nada.

Doy gracias a los amigos que aún conservo y que siguen conectados conmigo. Gracias a los que no me sueltan. Gracias a quienes han asistido a los talleres y retiros que he impartido. Gracias, porque con ustedes he aprendido y comprendido más en el camino de la consciencia. Gracias a mis amigos de *Los Ángeles California*, que han sido fundamentales para hacer que mi confianza crezca.

Gracias a mi adorada mamá Concha, quien me ha abrazado en los momentos más turbulentos; gracias a ella, que con sus remedios ha mejorado mi autoestima. Gracias a mi querida Abuelita del Amazonas, que ha transformado mi mente, mi cuerpo y mi espíritu. Gracias a las constelaciones familiares, por ayudarme a poner orden en mi vida.

Gracias a mi depresión; gracias a mi oscuridad; gracias a mi sombra. Gracias a mis momentos más intensos, gracias a mis memorias de víctima. Gracias a mi dolor, gracias a mis adicciones, gracias a mis apegos, gracias a mis miedos, gracias a mi adorada codependencia: ustedes son los principales en esta historia, sin ustedes jamás hubiera podido aprender a vivir en plenitud.

Gracias a mi espíritu por nunca rendirse: gracias, Zulem Colin por ser valiente y compartir tu experiencia, tus conocimientos y descubrimientos en estos escritos. Gracias por tu entusiasmo.

Gracias a mi pareja, que me dio el dinero para hacer esto posible.

Gracias a todos los que me han ayudado a crear una realidad diferente. Gracias a mis amigos Wilda, Darwin, Goggy, Nina, Moño, Rosario, Rosita y todos los que siempre me echan porras.

Gracias a los que colaboran conmigo en la empresa y tienen fe en este gran proyecto. Gracias a Miry por su amor, por cantar a mi lado y por hacer que todo en lo que trabajamos se convierta en magia.

PARA TENER DINERO EL PERDÓN ES PRIMERO

CONSCIENCIA, AMOR Y GRATITUD

ÍNDICE

INTRODUCCIÓN

La gratitud es el camino para comenzar a transformar tu relación con el dinero, así es como yo he aprendido a atraer a esta fascinante energía con facilidad, amor, diversión y sin apego; aunque muchos lleguen a verla como "la raíz de todos los males". Al promocionar el taller *Dinero, Te Amo*, algunas personas se han expresado así del dinero, escriben cosas horribles acerca de esta energía tan deliciosa y fascinante; a la cual una vez que te acercas, te puede hacer vivir orgasmos de amor y de placer. He llegado a pensar que, si lo sabes utilizar con consciencia y amor, el dinero es la misma energía de Dios.

La gente que no conoce las bondades del dinero, habla pestes de él. Poco a poco, te iré revelando secretos que he leído, aprendido y descubierto con base en mi experiencia, así como a través de los mensajes que he descifrado y los experimentos que me he atrevido a hacer. Llevo más de seis años dando talleres para desbloquear la pobreza y darle entrada a la opulencia, el amor, el gozo, la diversión y la gratitud; aspectos con los que he podido comprender por qué el dinero se aleja de ciertas personas.

Mientras tanto te contaré de mis inicios con esta energía y cómo es que me nació hablar de ella. Muchas veces me pregunté: ¿por qué mi mente sólo piensa en dinero? Conforme me fui conociendo, me di cuenta de que fui programada para pensar de esa manera. Cuando mi mamá me tenía en su vientre, lo único que hacía era contar grandes cantidades de dinero.

De hecho, dicen que Zulem "¡traía torta bajo el brazo!". Con mi nacimiento, mis padres comenzaron a tener mucho éxito; montones de billetes circulaban por las manos de mi mamá. Ella era una gran comerciante en la Merced: vendía productos perecederos por mayoreo, tales como melón o jitomate, entre otros. Tráilers, tráilers y más tráilers pasaban por nosotros, me incluyo porque yo estaba en la pancita, seguramente escuchando el "BARA, BARA, BARA, BARA" de los gritos que suelen hacerse en el mercado.

En aquel entonces, decían que mi mamá era la reina del jitomate, ya que era una maestra para hacer negocios y para vender, de lo que yo estaba aprendiendo ya desde los nueve meses que estuve acompañándola día y noche. Me formé de su energía y de las emociones que en ese momento experimentaba. Tras mucho analizarme y comprenderme, pude ver que el hecho de querer y amar el dinero lo traía en la sangre. Ella se levantaba muy temprano a trabajar. Me cuentan que se iba a las cuatro de la mañana a la bodega y regresaba como a las ocho de la noche todos los días. Casi no descansaba, ni los domingos tenía ratos libres. Todo el tiempo estaba haciendo negocios y aprovechando la buenísima racha que le estaba dando la vida.

Por un lado, me alegra que mi mamá haya pasado su embarazo así y no en llanto o depresión; agradezco que durante mi gestación estuviéramos ocupadas y enfocadas en crear prosperidad. Creo que yo escuché todo el tiempo: "son 100, son 150, son 200, son 500, son 2000". Ella se dedicaba a cobrar lo que vendía, era una mujer muy activa. Su energía en ese entonces estaba revolucionada al millón. Era buena para hacer dinero.

En estos más de diez años que llevo trabajando en mí, descubrí que los comportamientos de mi madre influyeron en mis células, cuando no sabía del impacto de la mamá en el embarazo y pensaba que algo no andaba bien conmigo. A veces me preguntaba: ¿De dónde me apago? o ¿Por qué no puedo estar quieta? Tengo ganas de descansar, quiero dormir; tengo ganas de estar en paz, pero, ¿cómo le hago? Me ha costado mucho trabajo controlar mi actividad, tener disciplina y enfoque, al grado de que a veces la gente me pregunta: "¿De dónde sacas tanta energía? Duermes súper poquito y de inmediato llenas tu tanque".

Mi mamá me impregnó de sí cuando me estaba formando; tenía tanto éxito, y pienso que también experimentaba mucha adrenalina con el dinero que en ese tiempo ganaba. Esa misma excitación heredada es parte de lo que me hace ser muy intensa: puedo hacer muchas cosas, me muevo de un lado a otro; puedo viajar de un país a otro, madrugar, dormirme tarde y sigo teniendo energía para crear.

Por estas razones, estoy convencida de que, desde que comienzas a ser en el cuerpo de tu madre, vas formando tu destino. Dicen que no es casualidad que nazcas en el vientre de ella y con su energía. Yo te preguntaría: ¿Cómo fue el embarazo de tu mamá cuando tú venías en camino? ¿Estaba contenta o triste? ¿Tenía miedo? ¿Qué pensaba ella sobre ti? ¿Fue difícil para ella traerte al planeta? ¿Te deseaban? ¿A qué edad se embarazó de ti? ¿Cómo eran sus emociones? ¿Había dinero en ese momento o tenía miedo de mantenerte? Investiga qué pasó con tu mamá, cómo se sintió durante esos nueve meses. Tal vez encuentres muchas respuestas de tu comportamiento actual.

Me emociona mucho decirte que en este libro vas a encontrar las respuestas que tanto buscas: ¿Por qué no generas más? ¿Por qué pierdes todo el tiempo? ¿Por qué te traicionan? ¿Por qué te sientes estancado? ¿Por qué no avanzas? ¿Por qué tienes miedo? ¿Por qué no disfrutas lo que tienes? ¿Por qué no recibes? ¿Por qué no puedes? ¿Por qué te saboteas? ¿Por qué no te alcanza? ¿Por qué no tienes éxito? ¿Por qué te limitas? ¿Por qué deseas más y más sin límite? ¿Por qué a veces haces lo que no quieres? ¿Por qué no puedes pagar tus deudas? ¿Por qué tienes tantas deudas? ¿Por qué no puedes rebasar lo que ganas? ¿Por qué no sabes cobrar? ¿Por qué no sabes recibir?

Tal vez tú ya has participado en diferentes talleres de prosperidad y de abundancia, es probable que realmente tengas avances importantes porque te ayudan, sin duda, a cambiar actitudes y comportamientos, pero algo más sigue estancado y tal vez te has preguntado: ¿Realmente tomar talleres y leer libros funciona? La respuesta es la siguiente: sí funciona. Al hacerlo, poco a poco vas a ir limpiando la energía, pero aun así considero que no es suficiente. Hay mucho que perdonar y comprender: memorias dolorosas que disolver y transformar.

Sé que este libro te hará comprender la raíz, en relación con tus conceptos de escasez; cambiará en ti patrones, actitudes, comportamientos, formas de ser y de hablar; y en él también aprenderás a agradecer. De este modo, podrás obtener paz y amor, así como abrirte a recibir muchos regalos. Además de contarte mis historias y la forma con la que aprendí a relacionarme bonito y sin apego con el dinero, te voy a revelar secretos que no son tan secretos; te voy a enseñar formas sencillas y prácticas para mejorar tu relación con él, superando tus propias limitaciones. Por último, también encontrarás grandiosos *tips* que harán una gran diferencia en tu vida.

CAPÍTULO 1

EL DINERO COMO ENERGÍA

EL DINERO COMO ENERGÍA

El dinero siempre me ha rodeado y es riquísimo tenerlo cuando no le tienes apego. Sin embargo, no siempre fue así, tuve largas épocas en las que fui "apegada". Lo que he aprendido es que cuando haces al dinero más grande que a ti o más significativo que tu vida, o tu familia, pierdes.

Entiendo que a cualquier persona le emociona tener éxito financiero, sin duda el dinero tiene algo padrísimo: ¡da poder! Qué delicia cuando esta energía cae en manos de gente consciente. Ellos hacen maravillas en el planeta; el dinero emociona, el dinero te puede dar mucha felicidad cuando te lo dan por hacer lo que amas; es una recompensa, es un regalo, es amor en movimiento. Pero cuando le tienes apego o cuando tu familia tiene carencia, ello impacta. No olvides que las memorias se van heredando.

Descubriendo mi apego

Para muchos el dinero es un tema de esclavitud, así me sentía antes de conocer la gratitud: no sabía agradecer, siempre estaba nerviosa y tenía pánico de no poder salir adelante. Todo tiene su razón de ser, ya que vi, oí y viví la experiencia con mi mamá. Me di cuenta de todo lo que ella tenía que hacer para sostener a sus cinco hijos sola: esforzarse y desvelarse; veía cómo ella no descansaba. De hecho, en mis primeros años, no pasaba tiempo con nosotros por estar trabajando y darnos una vida mejor. Siempre fue una mujer abundante y muy trabajadora, tengo mucho que agradecerle; ella me transmitió mucha de su energía, insisto.

De entrada, yo no sabía lo que significaba ganar dinero porque mi mamá siempre me resolvía todo. Me dio una maravillosa educación, siempre eligió las mejores escuelas de la zona. Decía que su herencia más grande sería darme unos buenos estudios, y así lo hizo. Tal como mi abuela lo hizo con ella, cuando la sacó del pueblo para enviarla a un internado a estudiar. Para mi mamá y mi abuela la escuela es un tesoro, y así, todos damos y enseñamos lo que nos dieron o lo que nos enseñaron. ¿Qué crees que he hecho yo? Lo mismo que mi mamá y mi abuela: trabajar intensamente para educar a mis hijas en colegios de alto nivel académico. Escribo esto con risa, porque no sólo he enviado a mis hijas a buenos colegios, también las he mantenido yo sola, como lo hicieron mi madre y mi abuela. Aprendemos y seguimos patrones ancestrales.

Nunca tuve necesidad de trabajar hasta que cumplí 21 años de edad. El enfoque de mi mamá era que yo pudiera estudiar. Ella me daba todo: viajes, ropa y paseos. Tuve una casa linda de dos pisos, tres recámaras y un jardín en una colonia de clase media alta. No éramos ricos, pero nunca me faltó nada. De hecho, mi primer coche me lo dieron a los 15 años y cada año podía cambiar de auto. Traía camionetas y autos saliditos de la agencia, ella deseaba que no batallara para poder estudiar, fue muy generosa. Hoy le tengo mucha gratitud, pero esto no siempre fue así. Fui, como toda adolescente, berrinchuda y presumida. Ya que no me sentía guapa, usaba el dinero como un disfraz para elevar mi autoestima, como si tener dinero me diera valor. ¡Imagínate qué tipo de actitud tenía! Obviamente, esto sólo yo lo sabía, por fuera no se notaba, ni mis amigos veían eso en mí, pero yo sí sabía que usaba el dinero para sentirme importante y que la gente me amara por lo que tenía y no por lo que era.

Así quería conquistar galanes, pero nunca me funcionó. No me hicieron caso. Creo que los que me gustaban tenían el suficiente dinero como para buscar a mujeres guapas y con buen cuerpo (¡qué risa!). Aquí comprendí que el dinero no compra autoestima, que vales por lo que eres, no por lo que tienes, vales por cómo te miras, por cómo actúas, por lo que piensas, por las acciones, por lo que siembras, por lo que das, por lo que proyectas, por tu bondad, por tu corazón, por tus intenciones, por tu alegría, por tu ternura, por tu servicio, por tu ser, por tu luz, por tus enseñanzas. Nunca, nunca, nunca por el dinero que tienes en la bolsa. Yo era una tonta en ese entonces, la vida me puso en orden y me enseñó a ser diferente, a la mala, por supuesto. La primera vez que sentí miedo de no tener dinero fue cuando salí de la universidad. Ahí se terminó la historia de la niña mimada y consentida que sólo estiraba la mano a su mamita preciosa, dándole todo lo que la señorita deseaba.

De niña mimada a vendedora de lechuga

Mi mamá se llama Mary, ella me dio la posibilidad de entrar a una muy buena universidad, de las mejores de México en aquel entonces: *la Universidad de las Américas*. Ahí estudié la Licenciatura en Derecho, carrera que nunca me imaginé que me fuera a hacer sufrir tanto. Me ponía nerviosa no poder con el compromiso de la escuela. Varias veces me fui a extraordinarios, y no se debía a que no estudiara, sino que se trataba de conocimientos nuevos y difíciles de aprender en ese momento. Cuando me equivocaba en la escuela o en otros lugares, ¿quién crees que pagaba? Mi mamá, ella cargaba con todo. Yo sólo estaba enfocada en gozar y disfrutar del dinero, de su dinero, aparte de sufrir con la universidad que me traía mareada. Mi mente estaba dedicada a tener una carrera para "ser alguien en la vida", así lo decía la gente.

A tirones, jalones, desveladas, desmañanadas, memorizando, leyendo e investigando, logré terminar la licenciatura y, ¡quién lo iba a decir!, también terminé con mi vida comodina. Se me acabó el veinte con Mary. Terminé mi tesis, hice el examen profesional, y ¿qué crees?, ¡Mary me dejó de dar dinero! Me dijo: "***Mijita, yo ya cumplí contigo. Te he dado todo lo que has querido, ya tienes carrera, ya tienes 21 años de edad. He cumplido como mamá y asumí la responsabilidad de tu papá. Se acabó la ayuda, se terminó. Dame las llaves de mi coche***". Yo sólo pensé: "¡Mary se volvió loca! ¡Está enferma!, ¿qué le pasa?". Me sentí la mujer más desgraciada del mundo. Empecé a sentir, por primera vez, miedo por no tener dinero y miedo a no poder seguir adelante y conseguirlo, ¡fue horrible!

Mary me dejó sin coche y sin dinero. Yo me cuestionaba "qué me espera ahora, ¿el metro?, ¿el microbús?, ¿mis tenis para caminar?" Fue un golpe durísimo para mi ego, sobre todo porque me relacionaba con amigos que, económicamente, estaban bien, muy bien. Ellos tenían casas en varios lugares, o coches del año. Me relacionaba con personas de clase media y media alta. Yo viajaba y no me costaba nada, cada mes me compraban cosas, la manera de obtener dinero consistía en estirar la mano a mi mamá. No sabía lo que era ser humilde, no sabía lo que era trabajar por dinero, no sabía agradecer; no sabía hacer nada, me sentía una inútil. Ya tenía mi título de Licenciada en Derecho, pero, ¿de qué me servía si no tenía práctica ni experiencia? Solamente tenía una cédula que me acreditaba como licenciada, pero yo sólo sabía teoría, y, en la práctica, el derecho es diferente.

Cuando me quedé sin nada, debido a la crisis que estaba experimentando, se detonó en mí la envidia a la máxima potencia. Me daba coraje que mis amigos consiguieran puestos buenísimos. De los nueve que nos graduamos, todos tenían trabajos en despachos y en secretarías. Se veía que les iba bien y yo nada. En donde pedía trabajo me querían pagar $3000 pesos mexicanos mensuales, el equivalente a 165 dólares ¡Eso era ridículo para mí! Demasiado poco para el nivel en el que me gustaba vivir. Además, eso involucraba tener horarios súper matados, sin contar que en esos despachos me querían vestida de traje sastre. ¡Con ese sueldo no me iba a alcanzar ni para las comidas ni para los pasajes! Me enojé mucho con la vida, con Dios. Tuve odio hacia mi mamá. Estaba fúrica, frustrada, amargada, triste, encabronada y jodida, no tenía dinero.

No sólo me sucedió eso, también terminé una relación de pareja y la envidia otra vez comenzó a hacer de las suyas. Me frustré cuando me enteré de que mi ex pareja era el secretario particular del presidente de la República en turno. Pensé: ¿por qué lo conocí cuando era pobre, y ahora que está bien económicamente se encuentra con otra mujer? Mi mente estaba volviéndose loca. Mis pensamientos eran egoístas. Era un hecho que ese hombre no me convenía aunque tuviera dinero, porque era alcohólico y mujeriego, pero como sólo me importaba el dinero y tenía baja autoestima, hice un drama, pues no me daba cuenta de que no perdía a alguien maravilloso, con él solamente lloraba porque lo descubría siempre en sus traiciones de faldas. Aun así, en ese entonces no lo podía ver. En serio, me volví loca. No me resignaba a tener que ganar el dinero con el sudor mi frente, no podía aceptar que ya no iba a haber dinero fácil, que ahora tenía que trabajar, y tampoco podía aceptar que mis amigos tuvieran más éxito que yo. Me sentía como una babosa, desnuda e insignificante, como si me hubieran dejado en la calle. Ahora agradezco que mi mamá me siguió dando techo y comida.

Duele mucho cuando siempre has tenido dinero, comodidades, y de pronto, te quitan casi todo. Yo era una niña "fresa", así le llamaban a la gente que tenía dinero en aquel entonces. Lo que experimenté fue muy intenso. Hoy lo considero ridículo, pero, para una creída como yo, eso significaba un golpe bajo, triste y cruel. Me identifico con la película de *Nosotros los nobles*; mi mamá no era multimillonaria, pero de que me traía bien, eso sí. Mary cumplió su promesa de no darme ni un peso. Nada es nada. Yo no lo podía creer, ya que, por lo regular, mi mamá no cumplía sus castigos ni sus amenazas. Pensaba: "al rato se le pasa y me devuelve el coche y todos mis privilegios". Pero cuál fue mi sorpresa. No me volvió a dar nada por mucho tiempo. Sólo me apoyó con un poco para el día de mi boda, siendo madrina de algo, y me dio como diez mil pesos para completar el enganche del primer coche que me compré. Después, ya no volví a ver su dinero ni me consintió con regalitos o viajes.

De cierta forma comprendo ahora su actitud y la entiendo, porque cuando ella me quitó la ayuda, yo cambié. Me volví demoniaca, se me salió el *Chucky* que llevaba dentro. Estaba cargada de ira, resentida; era mal agradecida, berrinchuda y exigente. Ahora que pasó el tiempo, entiendo por qué la vida me quitó todo, pues dicen por ahí que ***quien no agradece, no merece***, y, honestamente, era una muchachita estúpida, arrogante y manipuladora. No sabía valorar todo lo que Mary ya había hecho por mí. Quería seguirla ordeñando a mis 21 años, y claro que a esa edad estaba inconsciente y no sabía lo que estaba haciendo.

Mi madre fue muy buena gente con nosotros. ¿Quieres que te diga la verdad? Ella no me dejó de dar porque fuera mala conmigo o porque no me quisiera, como lo creí en su momento; me dejó de dar porque tuvo una crisis económica fuerte, ya no podía con nosotros y tuvo que vender los coches. El negocio en la Central de Abasto no iba bien, tuvo grandes pérdidas, en esa época vendíamos aguacates por mayoreo, no había ventas y se maduró la mercancía, perdiendo miles de pesos. Estaba desesperada porque le exigían pagar, de hecho, hubo un señor que la amenazó de muerte; estaba exigiendo su dinero, con justa razón, él no comprendía que tiró cientos de cajas porque mi mamá no había vendido. Yo estaba tan inmadura que no le pude entender sino hasta muchos años después, cuando la vida me dio el regalo de ser mamá. Ahí por fin me cayó el veinte. Pobre de mi mamá, creo que no es nada fácil quedarse a cargo de todos sus hijos. Ella hizo todo lo posible por mantenernos bien, pero llegó un momento en el que la energía y el dinero ya no le alcanzaban para más. Mientras tuvo, ella fue súper chida, linda, proveedora y consentidora; una madre "a toda madre" si no la hacías enojar, porque cuando estaba enojada... ¡Madre Santa!, ¡mejor corre!

Así viví el fin de mi vida cómoda y el inicio de mi etapa como obrera, pues con todo y mi enojo tuve que buscar trabajo para ganar dinero, tenía mi título de Licenciada en Derecho pero de nada me servía, parecía que todas las puertas las tenía cerradas. No me quedó de otra más que aceptar, a fuerza, la oferta de mi mamá para sostenerme. Me dio trabajo en una tienda donde vendíamos abarrotes. Lo que más odiaba era rebanar jamón y queso de puerco. Me sentía humillada cada que me iban a pedir un cuarto de jamón o un kilo de huevo; no me podía resignar a ser la empleada de una tienda de abarrotes después de haber estado en un ambiente diferente, donde había trajes y corbatas. El negocio era de mi mamá, pero a mí se me trataba como a una empleada. Duré algunos meses, pero fui despedida porque me volví una borracha: me robaba las cervezas de la tienda. Yo no sabía lo que estaba haciendo y a mi madre no le convenía que atendiera su negocio. Le estaba dando más pérdidas que ganancias. Me salí de ahí enojada, frustrada y me fui a trabajar a la Central de Abasto con mi hermano, donde aprendí a ser vendedora a la fuerza en el mercado más grande del mundo, aprendí a ser comerciante.

La idea de contarte esta etapa de mi vida tiene la finalidad de mostrarte que el enojo no deja nada bueno, pues la vida te da lo que necesitas, y ello implica que nunca te da lo que quieres hasta que aprendes. Cuando aprendes, ahora sí agárrate, que la vida te da ¡todo lo que quieres!

CAPÍTULO 2

¿QUÉ OBSTÁCULOS VENCER PARA QUE EL DINERO SE MANIFIESTE?

¿QUÉ OBSTÁCULOS VENCER PARA QUE EL DINERO SE MANIFIESTE?

En esa transición de vida experimenté muchas emociones que, tiempo después, consideraría como los grandes obstáculos por los cuales yo no manifestaba abundancia. A continuación te diré cuáles fueron éstos y cómo es que afectan el camino hacia la consciencia y la energía del dinero.

El enojo

El enojo es uno de los mayores obstáculos para que el dinero se manifieste. Cuando te enojas pierdes. Más vale que trabajes esa emoción colérica pronto o seguirás pagando precios altos por no aceptar tu realidad. Nada de lo que nos sucede es injusto, deja de cuestionarte "¿por qué a mí?", y mejor pregunta "¿para qué estoy viviendo esto?". Después, deja que el Universo te muestre lo que aún no has hecho consciente. Si no conoces cómo funciona la energía del dinero, resulta fácil enojarse cuando éste falta, cuando te roban o cuando lo pierdes; así como cuando tienes que pagar por cosas que no habías previsto, ya que la ira o el sentimiento de injusticia pueden acompañarte.

Veo que un gran número de personas se molestan cuando tienen que pagar por sus errores y les cuesta mucho trabajo ser responsables de lo que han generado. Al Universo no se le escapa nada. No te molestes si te pasan facturas o estás pagando algo que no tenías previsto. Probablemente no te acuerdas de que estás en deuda con la energía y que siempre te va a cobrar, aunque llores y no comprendas. A la energía no se le engaña ¡nunca! Hay personas que creen que se están ahorrando unos pesos cuando pagan lo más barato o cuando evitan hacer pagos, pero en realidad se están restando prosperidad y felicidad.

Para el Universo estamos desnudos. ¿De quién te puedes esconder? Existe gente que no quiere pagar impuestos, ni dar pensión alimenticia a sus hijos, o apoyar a sus trabajadores con prestaciones, o con bonos; también sacan cosas ilegales o chuecas, compran piratería, no son honestos con sus socios o con sus clientes. Por lo regular, las personas que se enojan son las que hacen este tipo de cosas; por su parte, las personas íntegras, que son conscientes, no tienen apego por el dinero, son responsables y, por eso, casi todo el tiempo les va de maravilla. Así que ponte en orden con la vida. Si la vida te está cobrando algo, paga con amor. ¡Qué bonito cuando te cobran con dinero y no con alguna enfermedad o con la muerte de alguien!

Conocí el caso de una persona que robó cerca de 50 mil dólares a la empresa donde trabajaba. En lugar de pagarles, hizo su propio negocio con ese dinero. El dueño de la empresa se enojó, pero soltó rápido. En cambio, ¿qué crees que pasó con el que abusó de la confianza? Perdió todo el dinero, la empresa que creó se vino abajo y, debido a todo el estrés, le dio una enfermedad incurable.

Otro caso que veo seguido y de cerca es el de padres irresponsables, que dejan todo en manos de las mamás: comida, escuelas, doctor, útiles, dentista, vacaciones... Todo es todo. Hay algunos hombres que no dan nada o dan lo mínimo y abandonan a los pequeños a su suerte. Lo que he observado es que, ellos, hagan lo que hagan, no les va bien. Pierden dinero a cada rato y todo el tiempo se justifican diciendo que no pueden. Te cuentan sus historias dramáticas, de dolor, y claro que el dinero no les alcanza ni les rinde por ser irresponsables. Te lo vuelvo a decir: ¡vivimos en un Universo justo!

En el caso de mujeres que tienen estas experiencias con sus ex parejas y que llegan a mis talleres, les pido que perdonen y suelten el enojo que tienen hacia el padre de sus hijos, sé que no es nada fácil aceptar a estos hombres irresponsables, pero es con la finalidad de dar permiso a que la energía discipline. Les pido que confíen en que la vida nunca abandona, a menos que sigan enojadas por los actos de quien no sabe responder.

Yo fui una de esas mujeres que vivía resentida porque me quedé sola con mis dos hijas. Pero un día me induje en una regresión a mis vidas pasadas y pude ver que en otras vidas yo fui quien abandonó, por lo que estaba pagando mi *karma*. Cuando comprendí, perdoné, todo comenzó a mejorar. La vida me sonrió con el dinero suficiente para poder sostener a mis princesas, el papá a veces está y otras no, pero ya no es causa de dolor, poco a poco todo se va mejorando.

Lo mismo sucede cuando alguien te debe y no te paga. Si puedes cobrar, hazlo, pero si no, suelta el dinero, deja que el *karma* haga el trabajo sucio. Tú nunca te manches las manos ni dañes a tu hermoso hígado con molestias; perdona, confía y aprende.

Nada de enojos que, como digo yo, ¡eso no deja dinero!

A continuación, te voy a poner unos ejercicios para que observes qué, quién, o quiénes están robando tu energía y bloqueando tu prosperidad.

Inspírate y sánate.

EJERCICIO 1. ¿CON QUIÉN ESTOY ENOJADO?

1. Haz una lista de las personas o de las situaciones con las que estás enojado y contesta: ¿Qué es lo que tanto te duele? ¿Qué es lo que aún no comprendes? ¿Esa persona o esa situación en qué te afectó? ¿De qué te sientes herido? ¿Qué consecuencias estás viviendo a raíz de esos enojos?

2. Hacer esto te va a mostrar las razones por las cuales no tienes el dinero suficiente. Tal vez estás enojado con la vida pensando que es injusta. No puede haber gratitud y rencor al mismo tiempo.

3. ¡Confía en mí! Escribir es sanador. Toma una libreta en blanco y haz tus ejercicios ahora.

La falta de perdón: si perdono, manifiesto

Hay muchas maneras de manifestar dinero, puedes encontrar muchos *tips*. Uno de ellos es realizar afirmaciones positivas. Sin embargo, en mis observaciones he podido constatar que, cuando no hay perdón, amor y gratitud en tu ser, de nada sirve que digas una y mil veces que eres un ser abundante, que el dinero es tu amigo o que puedes lograr todo lo que quieres. Esto ayuda, pero no es suficiente. Hay que perdonar y perdonarnos. Soltar el enojo primero. Una persona rica, exitosa y feliz perdona rápido.

El perdón, la gratitud y el amor son la llave para crear prosperidad. Cuando una persona vive con resentimiento, odio, tristeza y miedo, es más difícil manifestar el dinero con el que te puedes divertir.

El dinero nunca te abandona, siempre llega, de una u otra manera, siempre hay dinero en nuestra vida. No he conocido a nadie que dure más de una semana sin un peso o sin un dólar. El dinero es tan hermoso que siempre nos acompaña, pero cuando existen enojos y este tipo de energías densas, el dinero no llega de la manera en la que se desea, pues cuesta más trabajo manifestarlo y disfrutarlo. Llega en menores cantidades cuando tienes enojo o, simplemente, no lo disfrutas. El dinero corre, me consta. He presenciado que, cuando la avaricia, el enojo y el dolor tocan a tu puerta, responde la muerte y la infelicidad.

Cuando una persona siente rencor, injusticia, dolor, culpa, rabia, o cólera, pareciera que se adentra en un jardín que se está muriendo, donde no hay ores de colores ni árboles frutales; falta pasto y sobra tierra seca. Hay plagas matando todo lo vivo que se encuentra.

Perdonar es igual que arrancar la hierba mala; significa mover la tierra para poder hacer el lugar fértil y poder sembrar nuevas y mejores semillas. No se trata de olvidar, consiste en comprender o aprender; es hacer consciencia de lo que estamos experimentando, o sea, dejar ir.

Sana tu infancia, tu adolescencia, tu edad adulta. Perdona a todas aquellas personas que te han lastimado. Perdona las injusticias, las humillaciones, las traiciones; perdona el abandono que has experimentado, el rechazo que viste, oíste o viviste. Estar resentido se asemeja a tomarse un vaso de veneno lentamente. Perdona para que todo cambie, para que todo orezca, para que todo mejore.

El perdón, en realidad, es amor cubierto de comprensión, pues te ayuda a salir de las energías densas. Llama al amor para que te acompañe a sanar. De nada sirve odiar por la eternidad a nadie. Entiendo que hay actos que parecen ser imperdonables: traiciones, robos, abusos; una violación, una infidelidad; el asesinato de algún ser querido, algún fraude. Por lo regular hay que perdonar a las personas con las que creciste: hermanos, papá, o mamá, quienes probablemente te lastimaron. Pero representan personas a las que amas mucho y a quienes les ganó el demonio, o les faltó amor y consciencia.

Si quieres disfrutar el sabor de la libertad, perdona. Sólo así podrás abrir espacio para nuevas y mejores experiencias; la creatividad renace con el amor.

Mamá y el perdón

He trabajado mucho el perdón con mis padres. Mi mamá era muy ruda, salvaje con la chancla y el cinturón. De niña, cuando yo no hacía bien las cosas, me pellizcaba y también me jalaba las orejas frecuentemente. Ella traía la herida de la injusticia, pues la educaron en un internado y me quería perfecta, como se lo exigieron. Pensó que ésa era la forma correcta de educarme. Algunas veces no me tenía paciencia, se desesperaba, tal vez porque estaba enojada, ya que yo no recuerdo haber sido tan desobediente. A ella no le gustaba vernos a mí y a mis hermanas acostadas o sentadas. Siempre quería que estuviéramos haciendo algo porque decía que éramos unas *huevonas*. La hora de la comida era también un martirio, porque yo era muy delicada para los alimentos; no me gustaban muchas cosas, como el hígado, la yema de huevo, la crema de zanahoria, entre otros. Mi mamá no comprendía eso, por lo que a veces me hacía comer a la fuerza.

Mi mamá padeció hambre cuando era niña, por eso no podía soportar que yo desperdiciara la comida. Seguramente recordaba, en su mente inconsciente, lo que su mamá le decía. Entiendo que lo hacía por mi bien. Ella fue educada con violencia; le golpeaban las piernas con unas plantas que tenían piquitos, como espinas, para que obedeciera. Así era la manera de educar de muchos de nuestros abuelos, de forma que somos resultado de una época violenta y agresiva. Al igual que yo, hay mucha gente que ha sufrido maltratos de padres que estuvieron faltos de amor.

Yo experimenté con ella amor y resentimiento. A mi mamá la amé y la amo con todo mi ser, pero en aquel entonces no podía entender por qué era violenta. Fue hasta que tomé talleres de constelaciones familiares, hice tomas de *ayahuasca*, estudié *semiología*, practiqué *ho'oponopono*, cuando pude sanar con ella.

Mamá es la relación con el dinero, con la vida, por eso era importante perdonar absolutamente todo. Hay que ver a mamá como la fuente de luz, de vida, de amor. *Mamá* también significa ***relación con la pareja***.

Cuando entendí su infancia, pude mirarla con compasión. La gente da lo que tiene, y ella sólo pensaba que nos estaba educando de la mejor forma, basada en gritos, jaladas de pelo, chanclazos y palabrotas. Pero comprendo que no conocía una manera distinta. ¿Cómo me iba a dar lo que nunca recibió?

Obviamente Mary no puede recordar que era ruda, ella dice que exagero, tal como yo le digo a mis hijas. De verdad le tuve mucho miedo a mi mamá. Hoy, al escribir esto, veo que las heridas ya sanaron, pero fueron muchos años los que viví traumada. Me sentí humillada por la violencia física y verbal que experimenté, aunque probablemente estoy exagerando, pero así lo veía mi niña interior.

Mi mamá tenía las dos energías, porque cuando era linda lo hacía sin reparo, pero, cuando yo no obedecía ¡ay, Dios mío! Me daba miedo verla y escucharla. Ella, al igual que todos mis hermanos y yo, entramos a cursos de ***coaching, niño interior, semiología, reiki*** y ***ayahuasca***. Así logramos mejorar nuestra relación y sanar las memorias ancestrales.

Perdoné a mi mamá por todo, por cada grito, por cada cachetada, por cada golpe, por cada palabra. Me abracé, me di permiso de ser diferente y de hacerlo diferente con mis hijas. Estoy rompiendo el molde y eso me emociona. Amo a mi mamá con toda el alma y no cambio nada de la historia, ni la cambio a ella por ninguna otra. Ha sido un placer ir juntas, de la mano, para salir del infierno donde estaba todo mi linaje.

Te cuento esta historia con la finalidad de que seas más consciente acerca de la importancia que implica saber perdonar rápido. Yo te lo recomiendo. Si sientes rencores viejos o recientes, acude a lugares que te enseñen y te acompañen a perdonar para que puedas disfrutar de la vida y enfocar tu energía en cosas más bonitas y divertidas. No lo hagas como yo, que me tardé muchos años en comprender y en tomar acción, viví como una víctima por muchos años.

En realidad, dicen que el perdón no existe porque no estamos perdonando a nadie, estamos comprendiendo todo. Cuando tú comprendes lo que sucedió, no hay necesidad de perdonar; sólo basta con comprender y agradecer, pero usemos la palabra ***perdón*** para que sea más fácil para ti.

Perdonar es dejar de reclamar lo que te hicieron. Significa hacerte cargo y aceptar que tú también eres cómplice, aunque no lo creas. Todos reencarnamos y no debemos olvidar que ninguna factura se va sin pagar. Por eso siempre digo que es mejor portarse bien, porque la factura, de que te llega, te llega. Mis maestros ya me habían dicho que era importante hacer regresiones a vidas pasadas, de forma que me dediqué a buscar terapeutas que me ayudaran. Así, pude ver algunas, sin embargo, pude observar más cuando tomé *ayahuasca*. En esas ceremonias me han enseñado y explicado algunas vidas.

Antes de tomar la medicina sagrada del Amazonas, yo preguntaba lo siguiente: ¿Por qué me pasa lo que me pasa? ¿Por qué me trata tan mal la vida? ¿Por qué me traicionan? ¿Por qué me engañan? ¿Por qué me dejan? ¿Por qué me siento tan triste? ¿Por qué yo? Bendigo la hora en la que la *ayahuasca* llegó a mi vida, porque ésta me mostró algunos *karmas* que traía pendientes. Mi alma no había aprendido a tener compasión, generosidad, ni bondad.

En otras vidas fui un ser muy inconsciente y elegí venir a aprender rápido, por eso elegí a mis padres, quienes fueron perfectos para expandir mi consciencia. Yo no era inocente, pero a esta vida había venido para perdonarme, abrazarme, amarme y reconocerme. Llegué a este planeta para ser feliz, y alcancé verdaderamente este maravilloso estado cuando me empecé a amar, me perdoné, me acepté tal y como soy, y me comencé a valorar, pero no fue nada fácil. Yo iba a terapias en las que me aconsejaban lo siguiente: "Necesitas amarte". Pero yo respondía: "¿Qué es eso?, explícame, ¿cómo me amo?". Me dijeron: "Cómprate cosas, consiéntete, ve a un *spa*", y yo pensé: "Pero eso siempre lo hago y sigo igual". Si hubo alguien que se comprara cosas, ésa era yo. Era fan de coleccionar zapatos y ropa, además tenía coche del año, pero me di cuenta de que no era la solución. Me seguía sintiendo vacía. Necesitaba amor de verdad. Lo que aprendí fue que el amor no tiene cabida si primero no entran el perdón y la gratitud. Yo seguía pensando que era una víctima, que todos me hacían cosas malas. Cuando aprendí a perdonar y a agradecer, mi corazón y mis pensamientos se llenaron de luz, y por fin pude dar espacio al amor y a la paz.

Esa receta de amor propio no es tan fácil de hacer, te puedes tardar años, pero si vas con alguien que te guíe correctamente, no te tardarás los diez años que yo me tardé. Te recomiendo que seas acompañado por un experto en tus procesos, porque duele recordar el pasado, desenterrar recuerdos; tenemos que regresar a las heridas y muchas veces éstas vienen desde el vientre materno. Tal vez ni siquiera eras bienvenido en este planeta, y ese dolor lo estás experimentando desde la energía de tu madre. Una persona competente te puede dar la mano para regresar, de forma que puedas ir curando, limpiando, reconstruyendo y sanando los pedacitos que han quedado de ti, fragmentados en toda tu existencia. Y así, poco a poco, vas a lograr ir armando el rompecabezas de tu ser.

Yo ya lo hice conmigo, por eso ahora puedo escribir y animarte a que tú también lo hagas. Hay que abrir espacio para poder recibir. Perdonar, perdonar, perdonar, perdonar, perdonar, perdonar, perdonar, perdonar, perdonar, perdonar, perdonar, perdonar, perdonar, perdonar, perdonar para sanar. No hay más.

Perdona a quien te golpeó, perdona a quien te gritó, perdona a quien te insultó, perdona a quien te abandonó, perdona a quien te traicionó, perdona a quien no te pagó, perdona a los que te deben; perdona al papá de tus hijos, perdona a la mamá de tus hijos; perdona a tu padre por no estar presente, perdona a tu madre, perdona todo y suelta, suelta, suelta. Deja que el dolor se vaya; deja que el dolor se aleje. Suelta, suelta, deja que todo desaparezca; suelta, suelta y permite que nuevas cosas y experiencias lleguen. El perdón te hará libre.

EJERCICIO 2. PERDONAR A QUIENES NO HE PERDONADO

Materiales:

- Busca música bonita que esté en frecuencia 432 en YouTube. Hay muchas. Encuentra la más linda para ti.
- Hojas para escribir.
- Pluma.
- Una vela.
- Si tienes fotos de ellos, ¡qué mejor!
- Un vaso de agua.
- Mucha compasión.

EJERCICIO 3. EL PERDÓN HACIA MÍ MISMO

Ahora que perdonaste a otros, es momento de aprender a perdonarte a ti mismo, por no ser suficiente, por criticarte, por no poner límites, por no ser perfecto. Perdónate por equivocarte, por no amarte; perdónate por tener miedo a ser pobre. Perdónate por las deudas que no logras pagar. Perdónate por ser inconsciente. Perdónate por vivir preocupado.

Instrucciones:

1. Haces el mismo ritual que hiciste arriba.
2. Usas los mismos materiales. Sólo que ahora te vas a perdonar a ti.

Ejemplo: Yo (nombre) me perdono completa y totalmente por haber dudado de mí. Me perdono por siempre verme chiquita e insuficiente. Me perdono por criticarme, por decirme que estoy gorda y fea. Me perdono por ser arrogante, presumida y envidiosa. Me perdono por creerme más que los demás. Me perdono por criticar a otros. Me perdono por comer de más y no cuidar mi cuerpo. Me perdono por ser agresiva y violenta con mi cuerpo. Me perdono por siempre andar corriendo y no disfrutar de los días. Me perdono por avariciosa. Me perdono por dudar de quien soy. Me perdono por mis fracasos. Me perdono por la manera en la que me trato cuando me equivoco. Me perdono por sentir vergüenza cada que soy vista. Me perdono por tener el corazón frío. Me perdono por amar. Me perdono por el rencor que he permitido tener dentro de mí. Me perdono por no aceptarme como soy. Me perdono por odiarme. Me perdono por no cumplir las expectativas de otros, porque les he fallado. Me perdono por no ser perfecta y cometer errores. Me perdono por no ser la persona que mis padres hubieran deseado que yo fuera...

Escribe, escribe, escribe, escribe, escribe, escribe, escribe, escribe y al final manifiesta un: "¡HECHO ESTÁ!". Pon estos escritos en tu corazón con todo tu amor y di: "¡GRACIAS, ME AMO y ME ACEPTO TOTALMENTE, SOY SUFICIENTE!". Quémala y entierra las cenizas.

Puedes repetir este ejercicio las veces que sea necesario. No siempre quedamos sanados a la primera.

¿A quién le debo una disculpa?

Ya perdonaste, te perdonaste. Ahora responde responsablemente: ¿A quién le tienes que pedir perdón? ¿A quién reconoces que le debes una disculpa? ¿Qué te parece si lo hacemos hoy? El perdón te hará libre, sólo perdonando podrás crear el camino a la prosperidad que tanto deseas. He llegado a creer que, cuando no hay perdón, se vive en un calabozo con cadenas, en un lugar obscuro y sin luz, lleno de quejas.

Hacer esto profundamente te dará libertad para ser feliz. No es necesario buscar a la persona, es suficiente con que lo hagas aquí. Sé que la energía va a cambiar y vas a poder abrir nuevos y mejores campos de energía. Puedes hacer dos cosas para este ejercicio: seguir la dinámica que te mostré en las páginas anteriores o la siguiente, que personalmente me encanta.

EJERCICIO 4. ¿CON QUIÉN DEBO DISCULPARME?

Materiales:

- Música suave que invite al perdón.
- Un espejo.
- Un vaso con agua (para tomarla, si es necesario).
- Flores color rosa para que la energía del amor te acompañe. No las vas a usar, sólo su energía estará junto a ti.

Instrucciones:

1. Pon la música y pide a la energía del amor que venga a ti. Haz varias respiraciones profundas. Te recomiendo la respiración *Ha* de *ho'oponopono*. Ésta consiste en una respiración ancestral que ayuda a borrar memorias o recuerdos dolorosos.

Respiración Ha

La palabra *Ha*, en hawaiano, significa *aliento de vida*. Esta respiración es muy poderosa, yo la he utilizado para limpiar las memorias dolorosas. Esta respiración hace que estés aquí y ahora. Me encanta, ya que puedes eliminar o disminuir notablemente los estados de depresión; equilibra la tensión y la presión sanguínea de nuestro cuerpo. Cuando estés respirando puedes incluir, si así lo deseas, la expresión *te amo*.

La respiración *Ha* consta de *inspiraciones* y *expiraciones* que repetimos hasta contar el número siete. Inspiramos contando hasta siete, retenemos también contando hasta siete, exhalamos contando hasta siete y volvemos a contar hasta siete antes de volver a inhalar. Repetimos estos ciclos siete veces continuas. Si tu intuición te lleva a hacer nueve ciclos, también es perfecto. A la exhalación puedes agregarle un suave sonido *Haaaa* mientras sueltas el aire. Este proceso lo podemos realizar varias veces al día y por el resto de nuestra vida.

Al momento de hacer esta práctica, puedes juntar los dedos índice y pulgar de cada mano, formando un aro, para entrelazarlos como el símbolo del infinito.

Podemos practicar esta respiración sentándonos cómodamente, con los pies apoyados en el suelo y la espalda recta. En caso de que sea necesario, también se puede practicar de pie.

Ésta es sólo una opción. Si la quieres realizar, me parece perfecto. Si no, haz las respiraciones a tu libre albedrío. Lo que importa es la energía con la que estés actuando. ¿Qué es lo que quieres? Que la energía del perdón se manifieste para que puedas crear abundancia. No importa la técnica, con la intención es suficiente. Entonces, manos a la obra; hagamos esto con el corazón.

2. Mírate al espejo profundamente e imagina que frente a ti está la persona a la que le quieres pedir perdón. Siente que su energía está presente y dile lo que necesitas. Te recomiendo que tengas cerca pañuelos para limpiarte las lágrimas. Probablemente los vas a necesitar.

Permite que la sanación permee en ti. El perdón es el camino. ¡Nunca te enojes por dinero! Esto limita la riqueza. La falta de gratitud te aleja del dinero!

Desaprendiendo el miedo con gratitud

Siempre tuve miedo de todo; la violencia me daba miedo y la pobreza me daba pánico. Realmente estaba muy lejos del amor. Varios años estuve metida en una iglesia cristiana, lugar donde encontré un poco de paz, pero en realidad ahí no avancé mucho que digamos. Sólo me sentía bien cuando iba a cantar los domingos; me sentía contenta por unas horas y, después, volvía a decaer con mis ataques de ansiedad. Llegué a pensar que estaba enferma, pues tenía las emociones desintonizadas; me había divorciado y me quedé sola con mis dos hijas, de forma que yo las mantenía al cien.

Había días en los que pensaba que no lo iba a lograr. Mi mente me atormentaba. Entidades raras se adueñaron de mi cabeza. A pesar de haberme graduado como licenciada en Derecho, nunca pude litigar. Encontré trabajo en la Central de Abasto con mi hermano, y ahí duré cerca de quince años: vendía cajas de cartón y lechugas en tráiler. Ése era nuestro sustento, no obstante, hubo una racha de escasez en la que no nos mandaban lechuga y el negocio se detuvo. Mientras, nosotros debíamos pagar cuentas pendientes para que nos siguieran surtiendo.

Mi mala racha fue tan fuerte que no sabía qué hacer, ya había agotado casi todos los recursos. Probablemente a ti también te haya pasado una de esas crisis en las que no sabes para dónde moverte. En ese momento, me hacía viviendo en la calle con mis hijas, casi pidiendo limosna, y llegué a pensar muchas tonterías. Entré en una crisis severa de ansiedad y miedo, aparecían demonios en mi mente que me atormentaban con futuros desastrosos y horribles, gracias a este evento aprendí a no darles fuerza a esa vocecitas, dado a mi experiencia te digo: no le hagas caso a tu cabeza si no te está llevando a ganar. Cuando escuches estas voces que te dan malos consejos, pregunta ¿quién me está hablando?, ¿quién me está aconsejando? Observa bien a los que te acompañan. El miedo puede ser tu peor enemigo; si lo dejas entrar, se convierte en una llama de fuego: si no la detienes, se hace un incendio. Así que apaga cuanto antes esas voces paralizantes.

En ese entonces estaba desesperada por tener dinero, era su esclava. Todavía no perdonaba a nadie ni sabía nada de la consciencia. Seguía en mi papel de víctima, con muchos fantasmas, ratas, cucarachas y murciélagos en mi cabeza, así me sentía. No conocía el agradecimiento, hasta que llegó a mi vida un libro que cambió mi destino, el cual hablaba de la gratitud. Así pude darme cuenta de que yo no era una persona agradecida; era miedosa y, lo peor, quejumbrosa. Que si todo estaba caro, que si no me alcanzaba; "no puedo", "está difícil", "es muy complicado". Queja tras queja. No podía agradecer el dinero que me llegaba a diario. No veía todo lo lindo que sí tenía. Tal vez no era millonaria, pero no me iba tan mal; mis quejas y mis miedos no me dejaban disfrutar, confiar y tener fe. No podía aceptar que mi vida era una bendición y que era una mujer muy afortunada, pues tenía lo más importante: salud, bendita salud física. Aun así, mi mente estaba enferma.

No creía en la gratitud, aunque decían que era milagrosa. Lo dudé y, sin embargo, en medio de mi crisis financiera, no me quedaba de otra más que experimentar para ver si funcionaba. ¿Y qué crees?, fue mágico cuando comencé a dar gracias por todo y a todo. Se me manifestó, principalmente, dinero. Teníamos una deuda grande y, como magia, apareció el dinero en mi cuenta. Varios de mis clientes se equivocaron y me depositaron sin querer. Me quedé sorprendida de lo que me estaba sucediendo. Usamos el dinero ese mes y, al siguiente, todo se alineó para poder resolver el problema y de-

¿Qué vas a hacer?

1. Pon la música en volumen moderado, sólo para que te inspire.
2. Llama a la energía de tres personas que necesitas dejar ir (las memorias dolorosas, eso es lo que vas a soltar). Aquí puedes usar las fotos de cada uno, si es que las tienes.
3. Toma tus hojas y tu pluma, ¡escribe! Cuando lo necesites, toma agua. Probablemente vas a llorar; prepárate con los pañuelos.

Ejemplo: Te perdono (nombre) por haberme violado cuando tenía 3 años de edad, porque, a partir de ahí, me comencé a sentir sucia y chiquita, con baja autoestima, rechazada y fea; siento que no merezco nada. Te perdono y te libero, no por hacerte un favor a ti. Te perdono por amor a mí, no sé por qué lo hiciste, pero gracias; ya no cargo más con este recuerdo. Hoy abrazo a mi niña interna. Te dejo ir y me libero para que ambos tengamos bendiciones en nuestra vida.

4. Extiéndete, así tengas que escribir diez o veinte hojas, usa todo lo que te sea necesario.

¿A quién más tienes que perdonar? Aprovecha este momento para perdonar a todo y a todos. ¿Te gusta el dinero y quieres ser feliz? ¡Perdona!

5. Al final de esta o estas cartas escribe: "¡HECHO ESTÁ!". Después, ponlas en tu corazón y con todo tu amor di "¡GRACIAS!". Quémalas y entierra las cenizas en la tierra. Permite que la *Pachamama* se lleve esta energía.

volver lo que nos habían depositado sin querer. También he recibido grandes regalos, los cuales ya no me permitía obtener de forma fácil. En esa misma semana, mi novio en turno me regaló una televisión, pagó las colegiaturas de mis hijas, las inscripciones, hizo la despensa de mi casa y me dio $15,000 pesos en efectivo. ¡No lo podía creer! Sobre todo, porque, honestamente, él no era un hombre tan abundante que digamos; Zulem solía pagar casi todo. Pero diez días después de haber leído sobre la gratitud, me ofrecieron darle un entrenamiento a diputados, regidores y síndicos del estado de Hidalgo, sin dedicarme aún a dar *coaching* o capacitaciones.

Para mí no era tan sencillo recibir o que alguien me diera algo tan fácilmente. Siempre tenía que esforzarme.

La gratitud es una de las píldoras más mágicas y maravillosas que hay en el planeta, y, lo más divertido, es gratis. Cuando somos agradecidos, le damos permiso al Espíritu para que obre con su gloria y su poder. La gratitud hace que las puertas más pequeñas se transformen en portones, que las ventanas se muestren como ventanales; transforma la tristeza en amor, el miedo en confianza, la desesperanza en fe. Te da la oportunidad de creer que todo es posible si lo puedes ver.

Elige la gratitud como bandera, incluso si ves algo que no te parece bello, pues, probablemente, detrás hay algo maravilloso. Mi maestro de semiología, Alfonso Ruiz Soto, nos decía que la vida a veces nos manda regalos envueltos en caca. Sabes de lo que estoy hablando, ¿verdad? Yo he recibido muchos regalos que huelen a mierda. Seguramente también tú. Nos han sucedido cosas que se comprenden una vez que ha pasado el tiempo; sólo así nos es posible observar los regalos de esas experiencias que no fueron tan agradables.

Las crisis no son tan malas, si no fuera por ellas no seríamos lo que hoy somos. Todo nos enseña, todo nos cura, todo nos ilumina siempre y cuando seamos agradecidos. Hay personas que juran ser agradecidas, pero sólo lo son con lo bueno; nunca agradecen lo que no parece de su agrado. El problema de no agradecer las experiencias dolorosas está en que éstas duran mucho más tiempo cuando no agradecemos. Es como si estuviéramos hundiéndonos de a poco en arenas movedizas, y la gratitud fuera la que nos ayudaría a encontrar la salida.

Tengo muchas historias que contar sobre lo que he experimentado con esta energía. Ahora mismo es ella la que me tiene aquí escribiendo este libro. Si no fuera por la gratitud, mi vida nunca hubiera cambiado. La gratitud te mantiene en un campo de protección. Sólo ¡da gracias! y suelta las expectativas. El Universo es sabio y él te dará lo que requieres. No pretendas controlar el resultado; permite que llegue la respuesta o la solución de donde tenga que llegar.

¿Qué te recomiendo? ¡Agradece y verás cómo todo crece! Da gracias por todo, cuando un mal pensamiento venga sólo di: ¡Gracias, gracias, gracias! A continuación, te invitaré a realizar diferentes ejercicios de gratitud para que puedas mejorar tu vida.

EJERCICIO 5. ORACIÓN DE AGRADECIMIENTO

Date un tiempo para ti, en un espacio ideal, y repite esta oración:

Yo (piensa tu nombre) estoy agradecida por cada detalle en mi vida. Sé que todo lo que recibo de la vida es un don gratuito, lo comprendo y lo acepto.

GRACIAS porque hoy me doy permiso de recibir todo lo bueno. No algo, ni un poquito, sino todo lo bueno. Estoy abierta a recibir.

GRACIAS a la vida que me inspira a ser una mejor versión de mí, que me renueva y me da la oportunidad de evolucionar, diariamente, mi estado de consciencia.

GRACIAS al lugar donde estoy aquí y ahora; gracias por recibirme, pues este lugar necesita de mí, y yo de él, entramos en armonía.

GRACIAS a todos los alimentos que llegan a mi casa.

GRACIAS por mis amigos, los que ya no están, los que están y los que estarán.

GRACIAS a los que colaboran conmigo para dar un mejor servicio.

GRACIAS a todos los órganos y partes de mi cuerpo; y a mis cinco sentidos, que me hacen estar presente y que funcionan en plena armonía y a la perfección.

GRACIAS al hogar donde duermo esta noche, que me sirve de refugio, de descanso, y que me acoge para que pueda recuperar energía.

GRACIAS por todas y cada una de las oportunidades de trabajo que se me van presentando este día. Por los logros y los éxitos que siempre me acompañan.

GRACIAS por no permitirme caer en tentación y liberarme del mal, mi propio mal.

GRACIAS por la consciencia que recibo en este momento.

GRACIAS por el dinero que recibo cada día, cada semana y cada mes; dinero con el que es honrada mi energía, dinero con el que también yo honro la energía de los demás cumpliendo mis pagos, haciendo que la abundancia monetaria circule en manos de todos.

GRACIAS por todo lo bueno que sí me doy permiso de recibir.

GRACIAS por las personas que se cruzan en mi camino.

GRACIAS por las oportunidades que puedo ver y también por aquellas que no puedo ver.

GRACIAS a las personas que, falsamente, he creído que me hieren o lastiman, ya que ellas son las que me han ayudado a tener el coraje suficiente para volverme a levantar y volver a crear.

GRACIAS a la envida que he sentido por otros, ya que me ha enseñado a ver cuáles son mis deseos, a dónde quiero ir.

GRACIAS a todo el éxito financiero que me doy permiso de recibir.

GRACIAS a mí mismo porque estoy aprendiendo a ser una persona decidida, valiente y coherente.

GRACIAS a mí, que, si quiero, puedo cambiar.

GRACIAS a esa vocecita que me da malos consejos y yo ahora ignoro; gracias a ella he aprendido a distinguir qué contribuirá más en mi vida.

GRACIAS a los ángeles que me guían y me cuidan.

GRACIAS a la luz que me acompaña.

GRACIAS al Universo entero, que conspira y me deja mensajes para que pueda encontrar el camino.

GRACIAS a la inspiración que me hace crear magia en mi vida.

GRACIAS a las estrellas que me enseñan que cada quien tiene brillo propio y que la competencia no existe.

GRACIAS por todas esas personas que se cruzaron en mi camino cuando me sentí decepcionada, rechazada; por ustedes me di cuenta de lo poco que me valoraba.

GRACIAS a mi padre, porque su semilla fue sembrada en el vientre de mi madre y nací yo, un ser que hoy da frutos.

GRACIAS, de nuevo, a mis cinco sentidos.

GRACIAS a mis piernas, que me llevan a recorrer la tierra.

GRACIAS a mis ojos, que me dejan ver las maravillas y las bendiciones de la vida, y a la gente sonreír.

GRACIAS a mi madre por no abortarme, por decir: "Sí puedo contigo, sí te acompaño en la gestación, en el nacimiento y en tu caminar".

GRACIAS a mis hermanos, que, aunque no comprendo, amo.

GRACIAS a la sombra y a la obscuridad, que me han enseñado que existe la luz.

GRACIAS a la Madre Tierra que me alimenta, que me da su Agua bendita, su Fuego sagrado y su Aire que me acaricia.

GRACIAS a Dios por no dejarme perder.

¡GRACIAS!

¡GRACIAS!

¡GRACIAS!

EJERCICIO 6. LOS BILLETES MÁGICOS

Materiales:

- Una cartera nueva y bonita que te haga sentir que estás por dar un gran cambio.
- Unas tarjetas pequeñas.
- Un plumón.
- Un billete de 100 dólares (o el de más alta denominación de tu país), y si te es posible más billetes, ¡que mejor! A éstos les puedes llamar "los billetes mágicos". Agradece por tenerlos siempre contigo.

Instrucciones:

1. En la parte de enfrente de las tarjetas escribe las siguientes líneas:

- Yo (nombre) me siento agradecida por todo el dinero que llega a mi vida.
- Gracias porque me doy permiso de tener dinero en mi cartera.
- Gracias por el dinero que gano con el servicio que doy.
- ¿Dónde hay más oportunidades para mí que no haya visto?
- ¿Cómo puedo sentir más gratitud por la vida que tengo?
- ¿Dónde puedo encontrar más dinero?
- ¡Gracias, Dinero, te amo!

2. Puedes incluir tus propias afirmaciones o preguntas.

3. En la parte de atrás escribe con plumón.

**Me doy permiso de tener dinero.
Yo soy feliz por eso.**

4.Guarda la tarjetita en tu cartera y léela cada que puedas. Si es posible, diario, tres veces al día. Esto con la finalidad de que te reconcilies con el acto de tener.

Probablemente con este ejercicio tu relación con el dinero mejore por completo. A menos que sigas quejándote de que no hay suficiente. Recuerda: **¡la queja te empobrece; la gratitud te enriquece!** Siendo agradecido podrás encontrar dinero en donde no te imaginas. Encontrarás descuentos, te harán regalos, podrás ganar rifas. El dinero llegará a ti de formas inesperadas.

La falta de fe es un obstáculo para manifestar dinero.

Creencias que limitan que cambie tu vida

Si no crees que puedes tener o recibir, no podrás obtener lo que deseas, al igual que si tu mente sigue llena de creencias limitantes o afirmaciones negativas como las que siguen a continuación:

- El dinero es malo.
- Tengo que intercambiar tiempo por dinero.
- La gente sólo puede tener dinero robando.
- Si no tranzo, no avanzo.
- El dinero no se da en los árboles.
- Sólo la gente que estudia tiene dinero.
- Debes tener un negocio para tener dinero.
- El dinero echa a perder a la gente.
- La gente que tiene dinero es prepotente.
- Te pueden secuestrar si tienes dinero.
- Hay que trabajar duro para tener dinero.
- La gente rica no entra en el reino de Dios.
- Amar el dinero es como amar a la oscuridad.
- El dinero descompone a la gente.
- Yo no puedo salir adelante porque soy mamá soltera.
- A mí ya no me contratan por mi edad.
- La situación en el país es muy difícil.
- El dinero hace a la gente creída.
- El dinero nunca alcanza.
- El dinero se me va como agua.

Si crees en todas estas cosas, eres un brujo, un ser poderoso y hechicero que lo va a manifestar. Es urgente cambiar tus creencias, de lo contrario, será muy complicado transformar tu realidad. Si estás cerca de gente exitosa y abundante, no la critiques, mejor ¡aprende! ¿Qué hicieron ellos para estar en dónde están? ¿Qué piensa la gente rica? ¿Qué hacen los ricos? ¿Dónde invierten? ¿Qué leen? ¿Cuáles son sus hábitos? No desperdicies tu bello tiempo en criticar, envidiar o quejarte; ¡eso no deja dinero! Estudia, capacítate, aprende. Júntate con los chingones.

Ten fe en lo que no puedes ver, confía en que lograrás alcanzar lo que quieres. Elige una nueva realidad para ti. Para cambiar el exterior, primero hay que ir al interior y hacer los ajustes necesarios y pertinentes para que puedas ver otros resultados en el físico. Las cosas se cambian de adentro hacia afuera, nunca al revés: perdona, agradece, visualiza, imagina y afirma.

Y lo más importante, date permiso de recibir sin culpa, nunca tengas miedo de tener dinero. ¡Acéptalo y gózalo con consciencia!

Afirmaciones para manifestar dinero

Recuerda lo que digo: las afirmaciones sólo son una parte de lo que tenemos que hacer para manifestar dinero. Sin perdón y sin gratitud las afirmaciones no funcionan como deseamos. Por eso, en primer lugar, te invito a que lleves a cabo los ejercicios que te propuse al principio de este libro; y después, con toda la fuerza y la fe que tengas en ti, haz tus afirmaciones.

- El dinero viene de Dios.
- A Dios le encanta verme feliz y el dinero me hace feliz.
- Yo soy mejor persona cuando tengo dinero.
- El dinero ama mi compañía, porque creo consciencia cuando lo tengo en mis manos.
- Estoy a salvo teniendo dinero.
- Soy un creador de dinero consciente.
- Estoy al servicio de la vida y el dinero es mi premio.
- El dinero me llega con facilidad.
- El dinero me hace ser una persona agradecida.
- Cuando tengo dinero construyo felicidad para mí y para los que están cerca de mí.
- El dinero es mi amigo.
- Yo creo la suma de mi éxito financiero.
- Yo juego con el dinero a ganar-ganar.

- Yo admiro a la gente rica, exitosa y consciente.
- Yo me enriquezco haciendo lo que me fascina.
- Yo puedo recibir riqueza porque le agrego valor a la vida de los demás.
- Yo soy un generoso dador y un extraordinario recibidor.
- Yo estoy extremadamente agradecido por todo el dinero que llega a mi vida.
- Siempre llegan a mi vida oportunidades lucrativas.
- Puedo ganar en dólares, en euros y en pesos.
- Mi capacidad de ganar, tener y hacer crecer el dinero se expande cada día.
- Soy una mejor persona cuando tengo dinero.
- Soy una persona exitosa y se me nota.
- Yo soy un extraordinario administrador del dinero.
- Yo siempre me pago en primer lugar.
- Amo invertir dinero; gano cada vez que lo hago.
- Uso el dinero para mi beneficio y en beneficio de los demás.
- Yo pongo todos los días dinero en mi cuenta de libertad financiera.
- Yo puedo recibir dinero de varias fuentes.
- Me alegro cada que me llega mi estado de cuenta.
- Soy financieramente libre.
- Mi dinero trabaja para mí y va creándome más alegría.
- Puedo tener dinero libremente.
- Tengo el permiso de mis padres para ser exitoso.
- A mis ancestros les encanta ver que la familia los puede mejorar.
- Puedo volar en primera clase.
- Tengo aliados que hacen crecer mi dinero y yo el de ellos.
- El dinero es una energía que disfruta verme gozar la vida.
- Trabajo porque quiero, no por obligación.

- Obtengo dinero de lo que amo hacer.
- Aún dormido hago dinero.
- Tengo una mente creativa.
- Mi mente es de gente rica.
- Amo comportarme como una persona rica.
- Invierto como los ricos.
- Pienso como una persona rica.
- Soy honorable como los ricos honorables.
- Yo soy feliz cuando sirvo a la humanidad.

Te recomiendo que grabes estas afirmaciones con tu propia voz y que las escuches, en un momento del día, durante tres meses. Puedes aumentar palabras en tus propias afirmaciones. Convéncete de que el dinero es bueno y puedes recibirlo.

¡La duda entorpece tus creaciones!, por favor, no la dejes entrar. ¡Puede el que cree que puede!

CAPÍTULO 3

LA CONSCIENCIA, UN MANIFIESTO DE AMOR PARA EL DINERO

LA CONSCIENCIA, UN MANIFIESTO DE AMOR PARA EL DINERO

Una vez que hayas conocido la gratitud, te daré otra recomendación: no hagas las cosas por dinero, esto no te dará tanta felicidad. Cuando haces las cosas desde el corazón, la satisfacción es diferente. Encuentra el equilibrio entre dar y hacer las cosas con amor. También valórate por lo que haces. Date permiso de recibir dinero por el servicio que das, pero, primero, trabaja en ser una persona consciente de sus actos, de nada sirve que tengas dinero si te falta este ingrediente.

Llama a la consciencia, pide que siempre te acompañe para tener acceso a la sabiduría, la alegría, la paz, la libertad y a la felicidad. Cuando tienes consciencia, puedes sembrar y cosechar maravillas. La gente que va por el dinero sin consciencia se vuelve esclava de esta poderosa energía. He visto a muchas personas nunca estar satisfechas con lo que tienen, siempre desean más y más, y no disfrutan lo que han construido o aquello que están viviendo; se culpan cuando no están creando. Les falta tiempo para gozar, tiempo para ver crecer a sus hijos, para abrazar a su pareja, les falta amor. Tal vez ellos tienen dinero, pero carecen de libertad.

Una pregunta que me ha ayudado mucho es ¿qué haría si no me importara el dinero? Preguntarme esto me ha permitido tomar decisiones desde mi ser, y no a partir de mi ego, que suele estar cargado de necesidad y carencia. Antes de pedir más dinero llama al amor para que esta energía te ayude a tomar las mejores decisiones. El amor y la consciencia van de la mano, son como hermanos o como una pareja que funciona de maravilla; no los separes de tu vida, pues con ellos puedes tomar decisiones inteligentes que te lleven a crear una realidad mucho más divertida para ti.

Te lo cuento porque he visto gente que se mueve por amor y dan lo que no tienen que dar, no se ponen límites y pierden la consciencia de sus actos. Hay otros que creen que el dinero es amor y eso es mentira: el dinero es dinero y el amor es amor. No se confundan; no quieran justificar su falta de amor o su falta de tiempo dando dinero.

Hay miles de niños viviendo cómodamente, pero solos, porque los padres se matan trabajando con el fin de darles lo mejor. En este caso, deseo que el equilibrio te encuentre para que logres hacer un balance entre lo que trabajas y lo que disfrutas con ellos, porque el tiempo pasa y no perdona. No te pierdas a tus hijos, acompáñalos tú, y no un celular o cualquier otra persona.

Hazte consciente de que el tiempo es lo más valioso que tenemos.

El amor es amor; el dinero, dinero

Mi padre fue un hombre con dinero, pero no tenía tanta consciencia para usarlo, al menos así lo veía yo cuando era niña. Fuimos treinta y dos o treinta y tres almas las que llegamos al planeta como hijos de Arturo, mi padre. Muchos años lo juzgué. No lo podía ver con buenos ojos; se me hacía sumamente irresponsable tan sólo por no planificar a la familia. Para mí, era un hombre que únicamente sabía jugar baraja, gallos, además de tener mujeres. Honestamente durante muchos años, ser su hija me dio vergüenza, pues me hablaron pestes de él. "***A sus hijos no les dio educación, no les dio casa ni los medios para poder salir adelante***", eran algunos de los juicios que yo escuché sobre su comportamiento. En realidad, era muy niña como para criticarlo, sin embargo, sí me sembraron el rencor. Depositó su responsabilidad paterna en las mamás de mis hermanos y en mi mamá. Recuerdo que ellas no podían tolerar que él hablara de consciencia, pues lo consideraban el hombre más incoherente y mentiroso. ¡Pobre de mi papá!, todo lo que decía y hacía se lo criticaban con justa razón, señalando lo distorsionado que estaba, pero él siempre seguía siendo positivo.

Nos enseñaba acerca de la luz, del amor, mucho ***bla bla bla***, y en lo que se refiere al trato físico con nosotros, él no se mostraba como un padre responsable. Necesitábamos alimento, estudio, dinero para sostenernos, y no aportaba nada, o casi nada. Mi mamá lo detestaba por ello, porque siempre hablaba de energía, pero a la hora de la acción con sus hijos, no se le notaba ni se le notó jamás.

Puedo decir que mi papá nunca fue agresivo conmigo. Siempre me trató con mucho cariño, para él todos sus hijos éramos fantásticos. Con él comprendí que ***saber no es hacer,*** pues de nada sirve hablar bonito y no tomar acción. Creo que mi papá era muy bueno para dar consejos y para hablar con mucha luz, no obstante, sus acciones decían lo contrario. No honró ni respetó a las mujeres que lo acompañaban, las engañaba diciéndoles que eran las únicas y les prometía cosas que no llegaba a cumplir. Tuvo múltiples familias. Vi que tuvo mucho dinero, era dueño de muchas tierras, pero él siempre decía que no tenía para darnos. A mí me enojaba porque muchas veces fui testigo de cómo apostaba grandes cantidades en peleas de gallos, despilfarrando así todo su dinero.

Realmente estuve confundida en el transcurso de treinta años porque sabía que él me amaba, aunque no estaba presente, hasta que un día tomé ***ayahuasca*** porque con ningún taller había logrado expulsar todo el enojo acumulado, y ni siquiera era mío, sino que pertenecía a mi mamá. Ahí aprendí que mi destino consistía en que yo había elegido a mis padres para algo, que fue acertado el hecho de que mi papá sólo me hubiera dado amor. Él no tenía la misión de darme dinero, puesto que yo necesitaba aprender esta lección, aunque, claro, me hubiera gustado tener un padre más responsable; sin embargo, el que me tocó fue el perfecto para mí: lo amo, lo honro y acepto la historia tal y como es. Él murió en el 2016, a la edad de 92 años. Me dejó otras herencias, como el gusto por el canto, y me abrió el camino a la consciencia, también a ser positiva.

Si mi papá hubiera sido consciente tal vez no estaría aquí, creo que figuró en la hija No 28. Entonces, qué bueno que no planificó, todo es perfecto, benditos sean mis padres con todo y sus actos.

Esa fue mi historia con ellos y lo que marcó mi destino.

¿Qué pasó con tus padres? ¿Qué te dieron? ¿Qué te heredaron? ¿Qué legado recibiste de ellos? ¿De qué puedes sentir gratitud? ¿Cómo fue tu infancia? ¿De quién aprendiste a relacionarte con el dinero? ¿Qué recuerdos tienes que aún te molestan? ¿En tu casa te daban amor y dinero, o ninguna de las dos?

Te invito a que sanes tu pasado, con tus ancestros, con tus padres. Ahí está el camino para poder manifestar dinero, prosperidad y, sobre todo, felicidad. ¿Tienes algún enojo con tus padres? ¿Tienes algo que reclamar? ¿Sientes frustración con alguno de ellos? Sánate cuanto antes: ya no reclames, ya no te enojes. De nada sirve que sigas enfocándote en el pasado, en lo que no te dieron, en lo que no recibiste, o en lo malo que sí recibiste. ¡Abraza tu historia, sonríele al presente y crea tu futuro!

ZULEM COLIN

CAPÍTULO 4

¿MEREZCO O NO MEREZCO? RECIBIR CON GRATITUD

¿MEREZCO O NO MEREZCO? RECIBIR CON GRATITUD

¿Crees que puedes recibir lo que quieres? o ¿sigues pensando que para recibir tienes que hacer muchas cosas? ¿Piensas que mereces lo mejor o te saboteas constantemente cuando llegan cosas lindas a tu vida? ¿Sientes culpa por recibir más que los demás? ¿Te sientes mal por recibir más que tus padres o que tus hermanos? ¿Te das permiso de tener una vida mejor que la de tu linaje? ¿Es fácil consentirte?

Por un lado, tal vez crees que tú no puedes recibir porque no mereces una vida mejor que la que ellos tuvieron: tus padres, tíos, abuelos y todo tu linaje. Probablemente en tu infancia y en la mayor parte de tu adolescencia escuchabas sus miedos, sus quejas y sus ideas negativas sobre la vida. Quizá te programaste tanto que te convenciste de que era difícil o complicado tener una vida cómoda y abundante. Esto te puede traer grandes consecuencias; por ejemplo, sentir culpa cada que te va bien, o, como no te sientes digno de recibir, entonces pierdes el dinero en malos negocios, prestas y nunca jamás te pagan, o te suceden imprevistos para no poder tener y disfrutar como a ti te gustaría.

Creo que muchos de nosotros fuimos condicionados para no recibir, a menos que nos ganáramos las cosas. Tal vez en la infancia te educaron haciéndote sentir poco suficiente. Si tuviste padres muy rígidos, seguramente eres una persona que se esfuerza mucho por obtener cosas y, cuando te llegan fácilmente, no te permites disfrutar. Es como si no fuera justo recibir sin hacer tanto, por eso te quiero preguntar: ¿Qué viste en tu infancia? ¿Qué escuchaste? ¿Qué experimentaste cuando eras niño? ¿Cómo veía tu familia el dinero? ¿Cómo se relacionaban con él? ¿Qué experiencias negativas tienes? Respondiendo a estas preguntas, te puedes dar cuenta de dónde viene la raíz del problema. Todas esas memorias, cuando no son disueltas, siguen acompañándote. Si tuviste una familia que siempre se peleaba por dinero, probablemente creíste que el dinero era el problema.

Lo que he aprendido en el camino es que hay que cambiar ideas como el "no merecer" o "no poder recibir", y persuadirnos, constantemente, de que realmente podemos crear una vida más gozosa y divertida. Te juro que esto SÍ es posible; es real si lo crees. Si no crees que existen esas posibilidades, te va a costar trabajo manifestar.

Sánate con el recibir. Date permiso de tener sin culpa.

Sí mereces, ¡convéncete!

EJERCICIO 7. PEDIR PERMISO A LOS ANCESTROS

Materiales:
- Una veladora morada.
- Espejo.
- Mucho amor.

Instrucciones:

1. Regálate 20 o 30 minutos. Busca un espacio donde nadie te interrumpa, enciende tu velita con la intención de que te acompañe a sanar.
2. Mírate a los ojos en el espejo e imagina que frente a ti aparece tu madre y su linaje, y que tú, amorosamente, les dices:

Mamá, abuela, abuelo, tías y tíos: por favor, perdóneme por no poder seguir sus ideas respecto al dinero y la prosperidad. Lamento pensar diferente (aquí puedes describir lo que has visto y deseas cambiar. Por ejemplo: *abuela, no tengo que esforzarme tanto como tú para poder tener dinero, ni tampoco me tengo que enojar si en algún momento tengo que pagar algún imprevisto.*

Por favor, quiero ver al dinero de otra forma, más positiva. También quiero pedir permiso para poder usar el dinero en mi beneficio y sin culpa; tengo la certeza de que merezco y puedo recibir dinero con facilidad, sin esfuerzo y con alegría.

Mamá, dame permiso para recibir bendiciones de la vida. Por favor, mamá, quiero ser diferente a ti. No mejor ni peor, solo diferente, mamá).

Después de hacer el ejercicio con ella, imagina que viene la energía de tu papá con todos sus parientes y haces lo mismo. Les dices: papá, abuela, o cualquiera de la familia paterna que creas estar imitando, les pides perdón (extiéndete en tu discurso). Sigue tu intuición.

Lo importante es que les digas que tienes la certeza de que mereces y puedes recibir dinero con facilidad, sin esfuerzo y con alegría. No importa que no conozcas a tu papá; confía en la energía y entrega. Este ejercicio de sanación al gran espíritu da mejor resultado entre más confianza tengas.

3. Yo (tu nombre) me doy permiso de hacerlo diferente.

4. ¡Gracias por dejarme recibir y ser un consentido del Universo!

En el siguiente capítulo te va a quedar mucho más claro esto. Mientras, comienza a tomar acción y a cambiar la energía a tu favor.

CAPÍTULO 5

HONRAR PARA SANAR: LOS ANCESTROS Y EL DINERO

HONRAR PARA SANAR: LOS ANCESTROS Y EL DINERO

¡Qué importante es pedir permiso a nuestros ancestros y a nuestros padres para poder escribir una historia diferente! Después de ver la película *Coco* de Disney, entendí mucho mejor lo que yo misma había vivido. Así que, en caso de que no la hayas visto aún, búscala; y si ya la viste, es recomendable que la vuelvas a ver con la perspectiva que te mostraré en seguida. En ella podrás comprender la importancia del permiso ancestral.

En mi caso, elegí estudiar Derecho porque creo que en el fondo quería abogar por mí. Soñaba con ayudar a la gente, a mujeres solas; moría por trabajar en el DIF, en un reclusorio o en algún consulado apoyando y ayudando a migrantes. Esos eran algunos de mis grandes deseos, y durante algún tiempo pude acompañar en procesos en el Reclusorio Oriente en la Ciudad de México. Se necesita sangre y mente fría para estar ahí. Vi de cerca cómo la gente era castigada por consumir drogas y robar; por cometer abusos sexuales, violaciones, asesinatos o fraudes. Me dolía ver a sus familiares abogando y pidiendo que por favor les ayudaran, pero, ¿cómo ayudar a alguien por los delitos que ha cometido? Tenían que vivir las consecuencias de sus actos.

Me encantaba ir al reclusorio, que me dijeran "Licenciada" me hacía sentir importante. Sin embargo, mi trabajo ahí duró seis meses. Yo no tenía el permiso de mis ancestros para hacer algo diferente a lo que ellos habían hecho. Mis padres y mis abuelos vienen del campo, de las ventas, del mercado. ¿Cómo Zulem lo iba a hacer diferente? Casi ninguno de mis ancestros estudió o fue letrado; ellos eran agricultores y comerciantes. Me fue muy difícil cambiar mi destino. Como te lo he contado, cuando terminé la carrera busqué trabajo en muchos despachos sin tener éxito; no encontré lo que deseaba, parecía que esas puertas estaban cerradas para mí. ¿Recuerdas dónde fue que entré a trabajar después de mucho buscar? Sí, al mercado de la Central de Abasto, vendiendo lechugas y uvas por mayoreo. Ya tenía mi título y de nada me servía, me sentía fracasada por regresar a la central, justo a donde no quería. El ambiente ahí era pesado: los hombres no podían ver a una mujer sin chiflarle o decirle piropos mayormente vulgares; a veces, para llamar tu atención, te lanzaban jitomates, chiles o lo que encontraran, por lo que tenías casi que disfrazarte y cubrirte el cuerpo con chamarras grandes para evitar el morbo.

En las escuelas que mi mamá me había pagado, me rodeaba de gente diferente a la del mercado, no mejor ni peor, pero con una educación distinta. No obstante, había terminado trabajando con quienes gritaban "¡BARA, BARA, BARA, BARA!", a donde no quería llegar, por lo que estaba enojada con mi circunstancia. Es cierto también que, en la Central había gente con mucho dinero, allí circulaba efectivo; aun así, eso no era lo que yo buscaba, yo no deseaba ser comerciante. Sin embargo, la energía es la que manda, y yo tuve que aprender a amar y respetar tanto lo que mis padres como lo que las personas que trabajaban en la Central hacían. La vida me enseñó a honrar a mis ancestros y abrazar mis orígenes para poder actuar diferente.

Vendí lechugas por quince años. Fundé una empresa con mi hermano, de la que viví por algún tiempo. Poco a poco, aprendí a amar la Central que me permitió no morir de hambre y me enseñó a levantarme temprano. La entrada era a las cinco de la mañana todos los días. Los primeros diez años no tuve derecho a descansar, al principio me sentía esclavizada, pero al fin tenía dinero nuevamente. Me fue muy bien, tanto que pude dar el enganche de un departamento y comprarme una camioneta del año, pero no estaba cumpliendo mi sueño. Eso me hacía renegar, a mi mente venían las mismas preguntas: ¿Por qué yo? ¿Por qué a mí? ¿Por qué me hacen esto? ¿Por qué no puedo ser como mis amigos? Ellos están en un despacho y en puestos importantes. ¿Por qué no sirve mi título? ¿Por qué soy tan desgraciada? Era la reina del drama, pensaba que me estaban mandando un castigo.

Facebook detonó mi envidia y mi frustración, pues veía fotos y publicaciones de mis compañeros de la universidad. Era muy triste compararme con mis amigos, con todo. Un día me cansé de lamentarme y cambié de actitud. Me dije: Si estoy aquí, lo voy a disfrutar. ¿Qué te imaginas que pasó después de eso? Me regalaron la oportunidad de estudiar una maestría en Imagen Pública. Con ello, mi vida se modificó, ya que volví a los espacios en los que disfrutaba estar. Mi jefe, que era mi hermano, la pagó. Él estaba, en realidad, invirtiendo para capacitarme y hacerme una fantástica y maravillosa vendedora. A partir de entonces, mi estado de ánimo dio un giro: empecé a ir mucho más contenta a la Central, me hice amiga de todos los vecinos, me sentía feliz con mi trabajo porque me daba la oportunidad de seguir estudiando en la tarde.

El placer de aprender y compartir

Me gustaba mucho aprender; asistir a cursos, clases, talleres, retiros y todo lo que fuera posible, de todo lo cual podía obtener más conocimiento. Comencé con ejercicios de gratitud; me certifiqué como ***coach*** ontológico, con el fin de enseñar a la gente a perdonarse y amarse. Tomé constelaciones familiares. Fui parte de la primera generación de semiólogos en la Ciudad de México. Cuando vi lo bueno de mi trabajo y honré tanto el legado como la herencia de mis padres, empecé a disfrutar nuevamente de la vida.

Las tardes me quedaban libres para estudiar y, años después, comencé a dar cursos en las noches sobre perdón, autoestima y gratitud. Ya no me quejé más de mi trabajo, y dejé de proyectar en él la idea inmadura e inconsciente, de que éste era cosa de nacos. Ahora podrás imaginar con mayor claridad cómo estaba mi pensamiento y cuánto ego cargaba. Agradecí a mis padres su legado; a mi abuela, por toda la fuerza que me dejó para ser una gran comerciante, y acepté que mi camino no era el Derecho. Le sonreí a mi destino.

Lejos de ser resignación, me parece importante aclarar que mi labor fue de aceptación, ya que, cuando te resignas, todavía queda tristeza y enojo; mientras que, cuando aceptas tu principio de realidad, se abren millones de nuevas posibilidades. Así sucedió conmigo. Subí de frecuencia, pero esto no podría haberlo hecho sin antes pedir permiso a mis ancestros.

Otra situación que observé respecto a mi legado fue la siguiente. En 2016, cuando todavía trabajaba en la Central, compré una computadora. Lo hice exclusivamente para escribir este libro. Desde ese año tenía ganas de comenzar con este proyecto. Sin embargo, la energía tampoco se prestaba para eso. Asistí a un curso donde me enseñaron cómo escribir y publicar, pero no me sentía con la fuerza para hacerlo, aunque lo quisiera. ¿Por qué crees? Mi padre no sabía escribir; su fuerte estaba, también, en los negocios, además del canto. Según mi mamá, mi papá estudió hasta el cuarto año de primaria, por lo que para mí tampoco fue sencillo tener escuela ni lograr escribir, finalmente, este libro. Este esfuerzo me tomó casi tres años para ser una realidad. Me faltaba fuerza para crear y ésa, nos guste o no, la dan nuestros padres.

Hasta ahora has visto que mi legado y mi relación primera con el dinero se dio a través del comercio, pero éste venía acompañado siempre de un trabajo duro y de una vida en la que no duermes ni descansas. Mi abuela materna tuvo tierras que, a su vez, pudo adquirir gracias al comercio y la agricultura. En ese camino de aprendizaje, comprendí que yo no podría generar ingresos de lo que me gustaba sin honrar a mi linaje, si no les pedía permiso para brillar de una forma diferente a la suya. Lo que hice entonces fue decirles lo siguiente:

- PAPÁ: *Por favor, déjame escribir lo que no escribiste. Déjame estar donde tú no estuviste. Déjame ser lo que no fuiste; dame permiso, papi, de brillar a mi modo y no como el tuyo. Dame permiso de ver la vida con otros ojos.*

- MAMÁ: *Por favor, dame permiso de tener amor en mi vida. Quiero vivir experiencias que tú no experimentaste. Quiero compartirme con mucha gente; quiero ser feliz; una felicidad que quizá tú no has conocido. Déjame, mami, ser como quiero ser; no mejor, no peor, sólo como quiero ser.*

Denme permiso de ser libre, de ver el dinero con otros ojos; de poder vivir con más gozo, con más diversión, con más conciencia y con mucho amor.

Haz este ritual que te cambiará la vida.

EJERCICIO 8. HONRAR PARA LIBERAR EL CAMINO

Haz una lista de lo que estás repitiendo de tus padres y de tus abuelos. Para poder hacer cambios, es indispensable traer lo inconsciente a lo consciente. Cuando logras ver, puedes tomar las acciones para mejorar. Si no las ves, no sabes qué es lo que te está limitando.

Después, te invito a que busques un buen *constelador* o alguien que haga movimientos *sistémicos chamánicos*. En mi centro puedes encontrarlo, pero si estás muy lejos de mí, seguramente donde vives podrás encontrar uno bueno.

Recuerda: La realidad financiera de tu familia y la tuya pueden ser diferentes si trabajas en ello.

CAPÍTULO 6

EL MIEDO NO DEJA DINERO

EL MIEDO NO DEJA DINERO

Además de ser una persona desagradecida, era también una mujer extremadamente miedosa. Esto se daba a un grado tan exagerado que llegué a tomar medicamentos psiquiátricos. Tenía un problema con el abandono. Entiendo que probablemente la raíz de ello viene de la infancia. De niña, los regaños de mi mamá me asustaban: era muy severa con nuestros errores y bastante exigente en algunos aspectos. Si nos daba órdenes y no la obedecíamos, había consecuencias como golpes y gritos. Su furia daba miedo; verla enojada me asustaba. Y a mi hermana, la mayor, le tocaban regaños peores, aunque asumo también que su carácter era desesperante. Hoy es positiva, es una gran maestra, pero en aquellos años hasta yo me la hubiera cacheteado (¡qué risa!). Mi hermana se quedaba quieta y recibía la rudeza de mi madre. Mientras que yo, al principio, me dejaba golpear. Luego aprendí a correr de "la chancla" como lo hacía mi hermano mayor.

Es claro que estos aspectos de la infancia afectan la confianza y la autoestima. Habíamos hablado aquí de la importancia de la gestación, a lo que hay que sumar que los primeros siete años de vida son fundamentales en el desarrollo de la autoestima en la niñez. Los padres son la base. Por eso, antes de tener hijos, deberíamos procurar cuidar nuestra salud emocional. En lo que a mí respecta, siento que me faltó atención, más amor de mi mamá y presencia de mi papá; que me abrazaran, que estuvieran conmigo de forma saludable. La ausencia de sus caricias, además de los regaños y los golpes, me hicieron desarrollar pánico.

El abandono de mi papá también fue un detonante en mi vida. A los cuatro años, presencié cómo golpeó a mi madre, porque ella decidió dejarlo tras descubrir que él tenía una amante de quince años de edad. Fueron momentos dolorosos, de ira, rabia, odio, coraje, enojo, frustración y tristeza. Todo eso me transmitió mi mamá y con justa razón. Esto se quedó grabado en mi memoria y esos eventos hicieron que desarrollara un gran trauma, aunque nunca nadie lo veía. Todo el mundo pensaba que era feliz y valiente, lo cual no era cierto. Después de diez años intensos de terapias, cursos y talleres, hoy, finalmente, me siento sana. Puedo abrazarme y abrazar mi pasado, y ver todo con AMOR.

El miedo como impulso hacia la fe

El miedo es un amigo y un enemigo al mismo tiempo; igual puede impulsarte que paralizarte. Algunos de los miedos que he observado son los siguientes. Miedo a no ser suficiente, miedo al fracaso, miedo al rechazo, miedo a la pérdida, miedo a la paz, miedo a la muerte, miedo a que algo malo pase, miedo a quedarte sin dinero, miedo a no tener dinero en el futuro, miedo a enfermar, miedo a la vejez, miedo a que te traicionen, miedo a que te abandonen, miedo a que te maten, miedo a ser secuestrado, miedo a que te roben, miedo a la frustración, miedo a la oscuridad, miedo a la brujería, miedo al castigo, miedo a que te dejen de querer, miedo a ser criticado, miedo a estar solo.

¿Cuáles son tus miedos? ¿Qué hacen contigo? ¿Te están impulsando a tomar acción o te sientes paralizado? ¿Qué pretextos utilizas para no actuar y seguir cubriendo tus miedos? ¡Véncelos! Te conviene.

Al principio, el miedo me hizo moverme, me impulsó. Dije: "si no me muevo, es peor". Aun así, no te recomiendo este camino. Mejor muévete por fe, muévete por amor, muévete por pasión, y, si tienes miedos, transfórmalos. Los ejercicios que he hecho para vencer el miedo han sido infinitos: me lancé de un paracaídas, me fui sola de viaje, me mudé con mis hijas a otra ciudad. En varias ocasiones he caminado sobre brasas calientes, y también viajé sola a la selva del Amazonas con los *chamanes*. Subo a la tirolesa, a todos los juegos mecánicos y a las montañas que encuentro. Hice los *rápidos* en Veracruz, hice *rápel* como de 30 metros de altura. Me he aventado del *bungee*. He hecho cosas intensas para no ser esclava de mis miedos y vivir toda frustrada.

Con todo, lo que más me ha quitado el miedo es tomar *ayahuasca*. En los rituales he sentido los miedos más espantosos y terroríficos. La primera vez que fui con un *Chamán*, me dije: ¡En mi vida vuelvo a estas cosas del demonio! Me fue pésimo; me arrastré por el piso, sentí que había ido al purgatorio, al infierno. No obstante, la *ayahuasca* me ha guiado y ha sacado mucha basura de mi inconsciente. ¡Bendita la hora en que llegó a mi vida! Aunque me dolió, pues no fue un proceso muy dulce que digamos. Con ella aprendí a estar tranquila en los momentos rudos, aprendí a respirar.

La ayahuasca, medicina sagrada

La *ayahuasca* es una planta de poder que viene del Amazonas, que te ayuda a limpiar mente, cuerpo y espíritu. Gracias a la medicina sagrada de la selva soy una mujer valiente, consciente, amorosa y libre. No tengo palabras para expresar lo agradecida que estoy, y cualquier cosa que diga al respecto se queda corta. Con los cambios que he experimentado tras probarla, es como si me hubieran cambiado el ADN: así de grande, así de hermoso y así de fascinante. Gracias a ella, mis miedos se volvieron chiquitos. No te voy a decir que ya no tengo miedo, a veces sí, pero es casi nada; lo trasciendo rápido y me siento libre para crear. Si bien, ella aceleró mi despertar de consciencia, a esos cambios también contribuyó lo que he hecho, estudiado, leído y aprendido.

Hay muchas maneras de superar los miedos. Te estoy compartiendo la forma en la que yo superé los míos; sin embargo, tú puedes encontrar una manera más divertida. Reconozco que soy intensa, pero así de intensa estaba mi parálisis. Tenía que encontrar algo que realmente me ayudara. Imagínate, le tenía miedo hasta a la envidia. Pensaba que la gente me detenía con ella y con sus malos pensamientos.

Eso, por supuesto, también quedó en el pasado, porque entendí que todos somos como estrellas y que tenemos brillo propio, que ninguna persona le puede quitar nada a nadie. La *Abuela*, como es nombrada y conocida la ayahuasca, me dijo: ***enfócate en tus cosas e ignora eso que estás pensando o lo vas a crear***. La medicina me ha dado claridad; bendigo y agradezco a la *Pachamama* que nos da las plantas para curar nuestra mente, nuestro cuerpo y nuestro espíritu. El *Yage*, como la llaman en Colombia, es mi *Abuela* preferida, la que me ha dado la mano para ser feliz y agradecida, así como para tener paz.

No te des permiso de vivir lleno de miedos: identifícalos, véncelos, abrázalos y ámalos. Ellos sólo te están cuidando de forma inconsciente. El miedo es una energía que, supuestamente, quiere lo mejor para ti. Los miedos son ilusiones. Fíjate hasta dónde ellos están bloqueando tu éxito y tu felicidad. Adelante del miedo están tus sueños. Hazlo, atrévete: ¿Qué puedes perder? No te quedes con las ganas de nada, no permitas que ninguna energía o vocecita te detenga. Sigue a tu chulo corazón, sigue a tu intuición. A veces hay que perder para ganar. Dicen que los grandes inversionistas primero pierden, porque cuando pierden están pagando por aprender. Si no logras los resultados que tanto deseas, mínimo estás aprendiendo; suelta tus apegos y dale. ¡Tú puedes!, sólo elige un nuevo despertar, un nuevo camino; elige una nueva realidad.

El miedo y el dinero

Si te gusta el dinero, no hay de otra: ¡Muévete! el miedo es una emoción que sirve para sobrevivir; te cuida para que no hagas nada, pero en otras ocasiones te impulsa para que puedas alcanzar eso que tanto deseas. Te ama tanto que es como una madre sobreprotectora; cuando te paraliza, se trata de esa vocecita que te dice que estás en peligro si tomas acción. Otras veces el miedo es como una madre violenta que tiene la fuerza necesaria para moverte, porque te dice: ¡Estás en peligro si no lo haces!.

¿Qué tipo de madre te acompaña, la que te sobreprotege o la que te impulsa? Para tener dinero hay que tomar acción si crees que no puedes. Busca ayuda, que alguien te acompañe, un *coach* te puede llevar de la mano para que sí o sí lo hagas. Sin embargo, es importante que elijas invertir, sólo así se gana. Los grandes líderes se acompañan de personas que los van empoderando para que puedan lograr sus objetivos. Vencer tus miedos no es algo tan difícil, necesitamos algo que se llama ***decisión***.

Decídete a hacer las cosas con todo y miedo. Yo tengo mi ***kit de coaches*** que me toman de la mano, aunque algunas veces con uno no se puede y contrato a otro. Es más sencillo cuando te dejas guiar por alguien que tiene más experiencia que tú, o que ve lo que tú no puedes ver. Por eso, un día me pregunté: ¿Cómo puedo tener resultados? ¿Cómo puedo generar más ingresos? ¿Qué requiero hacer aquí? ¿Quién me puede acompañar para tener éxito? El chiste es tener la intención y el deseo suficiente para hacerte mover. Otras veces, he visto personas que no tienen miedo, pero simplemente no saben cómo empezar, porque desconocen el camino, no tienen experiencia, son campos nuevos. El consejo es: ¡Aprende!

Aun así, es normal tener miedo a lo desconocido. Recuerdo la primera vez que me decidí a hacer talleres en línea. Esto sucedió porque dentro de mí tenía el deseo, el sueño de poder acompañar a más personas que se encontraban lejos aunque no pudiera hacerlo físicamente; pero no me movía porque esto era nuevo para mí. No sabía por dónde empezar, cómo hacerlo, qué herramientas utilizar; me la pasé postergando y postergando por no saber cómo. Me faltaba experiencia, dudaba de que podía generar cambios en las personas si no las veía. Era una creencia que me estaba limitando. Te juro que me daba pánico.

Por un año dije que lo iba a hacer, sin embargo, se quedó sólo en palabras, hasta que la vida hizo algo para que yo tomara acción: organicé un taller en la Ciudad de México y ¡no llegó nadie! Así como lo lees. No lo podía creer, nunca me había sucedido algo tan cruel. Fue un golpe para mi ego, y mi autoestima decayó. Recuerdo que me acosté en el salón, concluyendo que esto era una señal. Me sentí triste por unos minutos, porque en el fondo sabía que el Universo estaba conspirando para que me decidiera a salir del clóset y me diera permiso de dar entrenamientos en línea.

Honestamente, al principio de esta nueva aventura, me moría de miedo. Sin embargo, el temor a no poder sostener a mis hijas era más grande; si tenía un problema, era hora de encontrar soluciones. Puse manos a la obra. Conseguí a una persona que me enseñó a usar *zoom*. Contraté a una diseñadora que me hiciera la publicidad y, en *Facebook*, pedí conejillos de indias para practicar con ellos y, así, enseñarles sobre mi curso de dinero. Tuve como quince participantes que se prestaron a contribuir con mi sueño. Duramos un mes, y sé que varios, actualmente, ya están generando dinero. Por ejemplo, una de ellas me contó que, después de haber tomado mi taller, pudo escribir un libro. Otra más me dijo que ya está facturando 60 mil pesos mensuales, cuando en aquel entonces estaba perdiendo en lugar de ganar. Ellos me ayudaron a cambiar mis creencias: LOS AMO. Realmente estoy agradecida porque me acompañaron a aprender y a emprender.

Al principio, sudé gotas y gotas, pero lo logré. Una herramienta de *ho'oponopono* que me ha ayudado a vencer los miedos y atraer dinero es la siguiente oración: "*Veo esto con los ojos de Dios*", y repetir llovizna. Esto se debe hacer sin tener expectativas de nada. Si te decides, verás que la gloria está después de vencer tus miedos. Lo repetiré una vez más: ¡Tener miedo no deja dinero! Muévete para que la vida no te mueva; invierte para que alguien con más experiencia te guíe. Confía en que puedes cruzar eso que tanto te paraliza.

CAPÍTULO 7

TRANSFORMAR PARA ATRAER Y MANIFESTAR: LOS SECRETOS DEL DINERO

TRANSFORMAR PARA ATRAER Y MANIFESTAR: LOS SECRETOS DEL DINERO

"La magia del orden" es como Marie Kondo (autora, empresaria y consultora de organización japonesa, conocida por el *Método Konmari*) llama a su técnica para transformar espacios. Hablo de ella en mi entrenamiento en línea llamado *Money Games*. Estoy convencida de que, para atraer maravillas a tu vida, es importante hacer una limpieza de tu hogar. Todo es una extensión de ti: tu cuerpo, tu coche, tu casa, cómo te tratas, cómo viajas, a qué lugares acudes, quiénes son tus amigos o qué tipo de ropa usas. Todo, todo habla de quién eres tú.

Si tu casa está hecha un desorden, es importante que hagas una limpieza urgente: desde la entrada hasta el último rincón de las habitaciones; no se te olvide pasar por la cocina. Te recomiendo que compres sus libros *La magia del orden* y *La felicidad después del orden*, o veas la serie que tiene en *Netflix*. Esta hermosa japonesa habla acerca de la importancia de tener tus cosas en orden, no sólo en la casa, sino también en la cocina. Con ella podrás aprender a liberarte con gratitud de lo que ya no te sirve y que te está bloqueando para recibir.

El Universo responde a espacios vacíos, y, si en los lugares donde habitualmente te mueves tienes muchas cosas viejas que no usas, o que están rotas, no te puede dar más de lo que quieres porque no hay espacio. Conozco a mucha gente en México, y más en Estados Unidos, a la que le encanta acumular cosas, tal vez porque allá es fácil comprar y seguido hay ofertas tentadoras. He visto a personas que guardan la ropa que ya no les queda o compran ropa porque tienen el sueño de usarla cuando adelgacen, y eso no pasa.

Lo que sugiero en estos casos es que, cuando estén delgados, se vuelvan a comprar más, y que no compren sólo por comprar, ya que eso ocupará espacios que detienen la energía. Date permiso de tirar o regalar todo aquello que no usas. Confía en que, si sacas todo lo feo y viejo, van a llegar nuevos y mejores regalos para ti. Esto lo hago al menos cada seis meses, y cada siete años cambio los muebles que ya no necesito. También le doy, continuamente, mantenimiento a mi casa: la pinto y le pongo tapices bonitos con el fin de mantener la belleza cerca de mí y de mover la energía estancada. Pon un presupuesto para que tu casa esté hermosa y limpia, no te acostumbres a amontonar, no te des permiso de vivir en un lugar lleno de cosas, sé más minimalista. Dile adiós a lo que ya no utilices y al *amontonadero*.

Sin acción no hay sanación

Antes me encantaba comprarme cosas y tenerlas guardadas sin usar. En cuanto me empecé a amar, dejé de necesitar hacer compras compulsivas y comencé a sacar infinidad de bolsas de ropa. Los procesos de cambio son graduales, pero es necesario que actúes: sin acción no hay sanación.

El día que decidí sacar por completo y hacer espacio en mi clóset, llegó mi esposo. Abrí espacio para darle la bienvenida a mi mejor amigo y compañero de vida. Cuando hice estos cambios, también se fueron personas y situaciones que me estaban estorbando. Poner en orden y arreglar tus espacios te dará muchos bonitos regalos. Confía y suelta, suelta, suelta recuerdos; suelta el pasado y todos tus apegos. No te aferres a las cosas ni a las personas.

Abrir espacios genera dinero y mejores experiencias. Dicen que, como está tu casa, está tu mente. Limpia la cocina, tira papeles que ya no uses; arregla tu coche. Me ha tocado ver coches llenos de basura y luego me preguntan: "Zulem, ¿por qué crees que no tengo dinero? ¿Por qué crees que me va tan mal? ¿Por qué crees que la energía no fluye?", a lo que respondo: "Mándame una foto de tu casa, de tu recámara, de tu cocina y te diré por qué". Aunque no es lo único que limita tu prosperidad, sí puede ser algo que esté interfiriendo para que no te lleguen más cosas y, sobre todo, para que manifiestes.

He visto personas que guardan todos los recuerdos de las bodas, bautizos y primeras comuniones a las que acuden, pero son cosas que no combinan con su casa, y he observado que las guardan porque se sienten mal al tirarlas: sienten como que están siendo malagradecidos o desperdiciados. No compres esta idea, agradece el tiempo que estuvieron contigo y déjalos salir. También he visto personas que guardan los juguetes y la ropita de sus hijitos. No entiendo por qué, pues he aprendido que para eso son las fotografías: para recordar. De nada sirve tener el montón de cosas viejas en una bodega que no se abre; sólo hay cosas estorbando que nadie toca. ¡Dile adiós a la acumulación!

Despídete de lo viejo, despídete de la energía estancada. Después de limpiar todo tu hogar, te recomiendo hacer el siguiente ritual o psicomagia.

HECHIZO PARA LA CASA

Materiales:

- Casa limpia y ordenada (hazlo antes de comenzar el ritual).
- Velitas (una por cada espacio de tu casa).
- Incienso.
- En *YouTube* hay sonidos de cuencos (busca alguno bonito).

1. Prende tus velitas en cada una de las recámaras y agradece. Ofrenda una bendición y di lo que nace de tu corazón, lo que sientes por el espacio que te acoge, te abraza y te cuida.

2. Da las gracias porque ese espacio no permite que entren energías de baja frecuencia; programa a tu hogar para que sea un espacio de luz, de alegría y de bendiciones.

3. Dile que impida que existan robos, chismes y traiciones.

4. Mira a tu casa con amor, como si fuera una entidad que tiene vida. Tu casa también es energía, trátala con amor. "Casa, atráeme bendiciones, casa: ¿qué más necesitas de mí?". Y escucha lo que la casa tiene que decirte.

No quiero dinero / dinero, gracias por estar en mi vida

"No quiero dinero", es una herramienta que aprendí hace unos años y ha sido una maravilla. Antes estaba enfocada en la necesidad de dinero, y dicen que cuando tienes necesidad, en realidad estás hablando de carencia, y la vibración que estás emitiendo refleja que no tienes. La primera vez que lo hice, sentí horrible porque creía que si yo decía que no quería dinero, entonces estaba diciéndole al Universo que no me lo mandara. Tenía miedo de quedarme pobre; de no tener recursos en el futuro. Me llegaba dinero y, sin importar la cantidad, siempre pensaba: ¿Y si mañana no me llega?, ¿y si pasado mañana no puedo?, ¿y si después no me alcanza? Muchos de los que vienen a mis talleres me dicen que les pasa esto, que todo el tiempo tienen miedo a no tener dinero más adelante, se preocupan por adelantado. He enseñado a infinidad de personas a decir esta herramienta, y reportan muy buenos resultados después de decirla mil veces. Se integra en el ser y rompe con la esclavitud de actuar o vivir por dinero.

Esta herramienta de *no querer dinero* para mí ha sido mágica. Te invito a que la pruebes. Di: "No quiero dinero" diez veces cada que te acuerdes o cada que sientas ansiedad:

NO QUIERO DINERO, NO QUIERO DINERO, NO QUIERO DINERO, NO QUIERO DINERO, NO QUIERO DINERO, NO QUIERO DINERO, NO QUIERO DINERO, NO QUIERO DINERO, NO QUIERO DINERO, NO QUIERO DINERO.

¿Qué sientes en el cuerpo?, ¿es agradable? ¿Te da miedo, como a mí me dio al principio? Lo que esto te muestra es lo inseguro que te sientes; el apego y necesidad que tienes por el dinero. Repite este ejercicio y, poco a poco, te irás acostumbrando, hasta darte cuenta de cómo empiezas a tener confianza en ti.

Después de usar esta herramienta, di lo siguiente: "Dinero, gracias por estar en mi vida". También repítelo diez veces:

DINERO, GRACIAS POR ESTAR EN MI VIDA, DINERO, GRACIAS POR ESTAR EN MI VIDA, DINERO, GRACIAS POR ESTAR EN MI VIDA, DINERO, GRACIAS POR ESTAR EN MI VIDA, DINERO, GRACIAS POR ESTAR EN MI VIDA, DINERO, GRACIAS POR ESTAR EN MI VIDA, DINERO, GRACIAS POR ESTAR EN MI VIDA, DINERO, GRACIAS POR ESTAR EN MI VIDA, DINERO, GRACIAS POR ESTAR EN MI VIDA, DINERO, GRACIAS POR ESTAR EN MI VIDA.

¿Qué tal se siente?, ¿más ligero?, ¿más confianza? Puedes usar las dos afirmaciones y, juntas, van a crear un campo de protección en tu vida. Confía, esto crea fe.

Ahorrar 10% de tus ganancias

Muchas personas y grandes líderes recomiendan guardar 10% de tus ingresos. Sinceramente, yo no entendía por qué, y menos si tienes cuentas pendientes por pagar. Yo pensaba: ¿Cómo voy a ahorrar antes que pagar? Para mí, entender esto fue complicado, pero ha sido lo mejor que he hecho. Cuando entendí que honrarme con el diezmo iba a cambiar mi realidad financiera, me decidí a hacerlo. Las primeras veces no podía, era un gran reto, ahorraba 2000 o 3000 dólares y luego los usaba. Volvía a iniciar y me los volvía a gastar, hasta que mi *coach* me dijo que ya no lo hiciera, que, aunque necesitara dinero, no tomara el 10%. Como te digo, puede costar trabajo al principio, pero tener guardado el 10% te hace sentir con dinero, con confianza, seguro. Regálate el permiso de tener dinero.

Pero te vas a preguntar "¿qué voy a hacer con el dinero de ese 10 %?" La respuesta es: nada. Sólo lo tienes y ya. Cuando tengas sumas grandes, lo puedes cambiar por joyas valiosas: oro o diamantes que te hagan sentir que tienes dinero. Vamos a ser como esos ricos que tienen sus tesoros. Esto mejorará tu frecuencia vibratoria para que puedas atraer más y mejores posibilidades.

Si te pagan 3000 dólares o pesos, guarda 300; si te ganas 20,000 guarda 2000, como si te los hubieras gastado. Te reto a que hagas esto por tres meses y compruebes tú mismo el resultado.

Ahorra tu 10% ¡dinero llama dinero! Además te hace crear el hábito de tener y dejar de despilfarrar en cosas que no necesitas.

No hagas al dinero más significativo que nada

El dinero nunca es más grande que tú, ni significa más que tus hijos o tu familia. No te vendas por unos pesos, no vendas tu libertad por dinero; no pierdas tu integridad ni tus valores, no permitas que la ambición o el miedo se apoderen de tu esencia. Nunca le llores al dinero, cada vez que pagues algo, libérate de esas cadenas que no te han permitido llegar más allá de lo que tanto deseas.

Cuida tu tiempo, a tu familia y también tu salud, que unos pesos no te hagan perder la cabeza. Ten la certeza y la seguridad de que el dinero siempre llega. Haz lo que te apasiona y deja que la vida te consienta. He visto personas que en la vejez se arrepienten porque trabajaron mucho sin haber disfrutado de sus familias, sin haber cuidado su salud. El dinero es importante, pero más importante es ser feliz y hacer lo que amas.

Pregúntate: si el dinero no me importara, ¿qué decisiones tomaría? Si no hiciera las cosas por dinero, ¿dónde estaría? No te estoy diciendo que abandones tu trabajo; te estoy invitando a valorarte y a valorar tu tiempo. ¿Realmente vale la pena estar en donde estás hoy? ¿Quieres tomar otras decisiones? ¿Qué otras oportunidades hay que no has visto? Hazte estas preguntas y deja que tu ser hable. La voz interior es sabia, ¡escúchate!

Libérate de la vergüenza

¿Cuántas cosas estás evitando hacer por miedo a ser criticado? Probablemente en la infancia recibiste muchos regaños, algunos de ellos incluso fueron públicos. Tener vergüenza no deja dinero, con todo y la pena, haz lo que tengas que realizar para obtener tu objetivo. Quizá no hay nadie que te critique, y si esa persona existe, ése no es tu problema. Cuando la gente se expresa mal de alguien, está hablando mal de sí misma. Los que critican, a veces, son aquellos que no se animan a ser valientes y a tomar acción. ¡Al dinero no le gusta la vergüenza!

La magia del enfoque

Somos seres creadores; diseñamos el presente y el futuro. De ti depende que vivas una vida mejor. El secreto del secreto es el *enfoque*. Si te enfocas en lo que no te gusta, o en lo fea que es la vida, es decir, en tus problemas, en el tráfico y la falta de dinero, en los miedos; incluso si actúas como víctima, vas a crear más de lo mismo. Si te enfocas en la prosperidad, el amor, la alegría; en crecer, en crear, en la belleza, la riqueza, en viajar; en un auto nuevo, en una relación de pareja divertida, ¡vas a manifestar eso! Enfócate sólo en el resultado que quieres ver.

Un obstáculo que impide que el enfoque se realice con éxito es el hecho de no sanar las heridas del pasado, eso hará más complicado que puedas creer que mereces lo que deseas, te hará dudar y te quitará la atención de tu sueño para que no llegues al lugar que anhelas. Hay que sanar, convéncete de que tú eres bueno, de que mereces y puedes recibir. ¡Enfócate en recibir grandes bendiciones!

En los entrenamientos que doy en línea, por ejemplo, en el llamado *Money Games* y también en los retiros, invito a los asistentes a crear un *vision board*. Ésta es una herramienta de visualización que tiene la finalidad de lograr que te enfoques en lo que realmente quieres. Es un tablero o documento *online*, o físico, en donde se plasman sueños, metas y objetivos. Nos sirve como brújula e imán, ya que con estas imágenes sabemos a dónde vamos y cómo queremos estar en los siguientes meses o años.

Los grandes científicos dicen que nuestro subconsciente no distingue la realidad de la ficción, éste considera verdaderas a todas las imágenes que capta. Todo lo que pongas en tu mente es lo que vas a atraer. Por eso, insisto en que, primero, tienes que sanar para después poder crear lo que realmente deseas. Si antes no limpias tu subconsciente de los viejos recuerdos del pasado, de los traumas que experimentaste; si no cierras los ciclos, será complicado que te enfoques. Si pones imágenes en tu tablero visualizándote financieramente libre y sin trabajar tanto por dinero, pero, a la vez, en tu infancia te dijeron que ello no era posible, que debes trabajar duro para poder tener; entonces te será difícil manifestar lo que colocaste en tu *vision board*, porque inconscientemente no creerás que sea posible.

Por eso, antes de crear esta herramienta poderosa y potente, haz todo lo que escribí en las páginas anteriores, como pedir permiso a tus ancestros, perdonar, perdonarte; solicitar perdón, trabajar con tus padres y sanar con tu niño interior, para que después logres manifestar tus objetivos, sueños y deseos.

Resulta importante tener claro que, en ocasiones, no siempre se sana tan rápido, ni tampoco es tan sencillo eliminar los patrones o las creencias limitantes. Puedo decir que, a pesar del camino que llevo recorrido, trabajando intensamente en mí y enfocada en obtener la paz, así como en ser feliz, recién ahora veo la luz. Poco a poco, el Universo me ha ido dando lo que deseo. No te desesperes si los objetivos no se están cumpliendo a la velocidad que persigues; se van a dar a su tiempo y ritmo. No pierdas el enfoque y pide encontrar la salida. La vida no siempre nos brinda lo que queremos; a veces, primero nos da aquello que necesitamos.

Asimismo, hay deseos que no se cumplen porque no es nuestro propósito de vida, o ello no nos conviene. La divinidad es sabia. Recuerdo cuando le rogaba a Dios que, por favor, me acomodara en un despacho jurídico o en un puesto relacionado con mi carrera. Por más que supliqué a Dios, no me proporcionaron esa oportunidad. En aquellos años no lo entendía ni lo aceptaba, pero, paso a paso, comprendí que los planes de Dios eran mejores que los míos. Lo mismo pasa con el dinero: probablemente lo llamas y lo invocas de mil maneras cuando, quizá, lo mejor para ti sea estar como te encuentras en ese momento y agradecer por ello.

Hay un verso de una canción que dice *caminante, no hay camino, se hace camino al andar*. Disfruta lo que sí tienes, agradece lo que sí hay, ya verás cómo la fortuna te comienza a cambiar, se feliz día a día, no digas "voy a ser feliz cuando tenga un negocio exitoso", "voy a ser feliz cuando pague todo lo que debo", "voy a ser feliz cuando me paguen lo que me deben", ¿cuándo vas a ser feliz? AHORA, crea tu alegría, enfócate en ser feliz en este momento, haz todo lo que esté en tus manos por hacer tu vida agradable, ya no te preocupes por los demás, ocúpate de ti y se una inspiración para otros; me dará mucho gusto que más adelante me cuentes sobre tus éxitos. Por esto mismo es que digo que las afirmaciones positivas no funcionan tanto al principio, pero, una vez que tu campo de energía está limpio, las afirmaciones, el *vision board* y los videos subliminales pertinentes, conforman un cohete que potencializa la velocidad de tus deseos.

Yo afirmaba, afirmaba, afirmaba, y aunque experimentaba mejoría, no estaba como hoy, cuando ya no tengo nada que reclamarle a la vida ni a mis papás. Mi pasado está resuelto; estoy totalmente reconciliada con todo. Me siguen ocurriendo situaciones, pero entre menos resistencia y más gratitud haya, más rápido pasa todo; las turbulencias ya no son como antes: la fe me sostiene con certeza.

He aprendido a elegir lo que quiero experimentar; no compro realidades ni creencias que no me convienen, o que contradicen mi estilo de vida, he aprendido a filtrar la información que llega a mí. Sobre todo, existe una creencia que mucha gente tiene, pues dicen lo siguiente: *para tener dinero hay que chingarle duro*, yo no hago esto porque entonces no disfrutaría lo que hago, puedo estar horas creando pero no trabajando, le doy una gran parte de mi energía a lo que anhelo, pero no me genera pesadez. Eso no va conmigo. Otra cosa que evito es no ver ni escuchar noticias porque no me gusta enfocarme en lo malo, lo triste, en la crueldad. En nada que me infunda miedo.

A veces me mandan cosas o experiencias que no he pedido vivir ni deseo. Cuando algo así me sucede, digo: Universo, no te pedí esto, ¿lo puedes mejorar, por favor?, y me lo cambia; el Universo responde rápido. Atraes lo que vibras, piensas y sientes. ¡La queja afuera, sácala de tu vida! Acuérdate, debes enfocarte en lo que sí quieres atraer.

Preguntas para manifestar magia, dinero y todo lo que quieras

Cuando fui con Tony Robbins a un evento en Miami, Estados Unidos, que lleva por nombre *Cita con el Destino*, aprendí que las personas todo el tiempo tenemos preguntas en mente. Por ejemplo: ¿Por qué me siento tan fea? ¿Por qué la vida es tan dura? ¿Por qué tengo que pasar por aquí? ¿Por qué los hombres me abandonan? ¿Por qué no puedo? ¿Por qué mi papá no me vio? ¿Por qué mi mamá no me acepta? ¿Por qué no puedo salir adelante? ¿Por qué no puedo con una dieta? ¿Por qué el negocio no avanza? ¿Por qué todos me traicionan? ¿Por qué todos los hombres son iguales?

Cuando me dijeron esto, me quedé sorprendida. Dije: wow, ¡es verdad! No me había dado cuenta de que la mayor parte del tiempo me estoy preguntando: ¿por qué no me funciona la vida?, ¿por qué me siento tan triste? y ¿por qué me va de esta manera? Con Tony Robbins también aprendí que poseo el poder para cambiar mi vida tan sólo con plantear distintas preguntas. Así obtuve mi pregunta mágica: ¿cómo puedo estar más agradecida con Dios por todo lo que me da?

En lugar de hacerme preguntas inútiles que atraían las mismas circunstancias frustrantes y dolorosas, comencé con estos nuevos rituales de preguntas mágicas. Realmente concientizar el conocimiento de las preguntas fue mágico. A los pocos días empecé a manifestar otras sensaciones mucho más divertidas y padrísimas. Comprobé que el Universo sí contesta y asimilé que según la calidad de preguntas que hagas, será la calidad de respuestas que recibas.

Había estado trabajando en el misterio del dinero y en la *Ley de Atracción*, había leído muchos libros, visto muchos videos y asistido a infinidad de talleres, pero nunca nadie me reveló el secreto de las preguntas. Eso hacía que me costara más esfuerzo manifestar; me tardaba mucho tiempo, se me hacía un proceso muy lento. Aprender a crear preguntas poderosas, o como yo les llamo ***preguntas chingonas***, aceleró drásticamente cambios en mi vida.

"*Pide y se te dará*" en realidad es "***pregunta y lo tendrás***". Cuando no sabía hacerlo, me preguntaba cuestiones como "¿por qué me encuentro con hombres in eles?". Las parejas que tuve eran de ojo alegre, hombres coquetos y mujeriegos era lo único que encontraba. Pero ¿quién los llamaba?, pues yo, con mis preguntas. Todo el tiempo el Universo me estaba contestando. Luego de aprender la magia de saber preguntar, hice preguntas distintas: ¿quién es ese hombre que me va a dar paz?, ¿dónde está ese hombre que me puede acompañar a viajar y consentir? Y así manifesté a mi esposo. Esto lo aprendí en diciembre de 2017 y en abril de 2018 conocí a mi actual pareja. Nos fuimos a la India dos veces. La primera vez mi prometido me regaló el viaje de cumpleaños y me dio el anillo de compromiso en el monumento *Taj Mahal*. La experiencia fue increíble y más por la vibración de amor que tiene ese lugar. Me sentí amada y muy consentida. Tres meses después regresamos para asistir a un curso. Jamás hubiera pasado por mi mente que, en tan poco tiempo, pudiéramos ir dos veces al mismo lugar. La India es uno de mis países favoritos.

También me invitaron a Panamá a impartir cursos. Soñaba con recorrer Latinoamérica para trabajar: ¿Latinoamérica, me puedes llevar, por favor? Hice esta pregunta, y al poco tiempo se manifestó la invitación.

Otro logro que conseguí fue comenzar formalmente con mis talleres en línea, porque me pregunté ¿cómo puedo expandirme con mayor facilidad? Así que logré entrar al mundo virtual. La creación de este libro constituyó otro logro significativo para mí, de verdad, se me hacía imposible. No podía manifestarlo, ya tenía ganas de contar lo que he aprendido y comprobado: ¿cómo puedo publicar mi libro acerca del dinero?, ¿quién me puede acompañar y enseñar a escribirlo? Dos meses después encontré a los ***coaches*** indicados para poder materializarlo, expertos en hacer que los libros, sí o sí, se publiquen.

Agradece, pregunta y no respondas; ése no es tu trabajo. El Universo te dará la respuesta: ¿Qué es lo positivo de aquello que no estoy viendo? ¿Qué me quiere enseñar el Universo? ¿Para dónde me tengo que mover? ¿A quién necesito llamar? ¿Dónde está la solución? ¿Qué otras posibilidades hay? ¿Dónde hay oportunidades para mí? ¿Qué preguntas requiero hacer hoy? ¿A quién voy a conocer para expandir mi negocio? ¿Qué va a contribuir con mi negocio? ¿Dónde está el dinero que puedo crear con facilidad? ¿Dinero, me puedes acompañar, por favor? ¿Todos aquellos que me deben pueden pagarme? ¿Cómo puedo sentir más amor por mí y por los que me rodean? ¿Qué otra cosa me conviene que no conozco? ¿Dónde y con quién me puedo reír más? ¿Universo, me puedes hacer feliz? ¿Por qué motivo me puedo sentir bendecida? ¿Qué necesito aprender para crecer? ¿Dónde hay más dinero para mí?

Te quiero advertir que, aunque formular preguntas acelera el proceso de manifestación, también tendrás que separarte de las personas que no contribuyen en tu vida, o abandonar algunos trabajos. Al haber cambios, puedes entrar en caos; es fundamental que no intentes controlar nada. Respira y sigue preguntando para que pronto vuelva la calma. ¡Haz preguntas!: ¿Qué me quieres decir con eso? ¿Qué cambios quieres que haga? ¿Puedes enviarme soluciones divertidas? ¿Puedes sacarme del caos con amor? ¿Qué otra cosa puedo elegir aquí? ¿Qué me gustaría crear en mi vida? ¿Qué otra cosa divertida puedo demandar del Universo? ¿Qué tendría que hacer para manifestar lo que deseo? ¿Quién tengo que ser para atraer mis deseos? ¿En dónde puedo poner mi enfoque para crear lo que quiero? ¿Quién más? ¿En dónde más? ¿Qué más? ¿Qué más puedo crear? ¿Qué más puedo elegir? Y calla. Recuerda: no contestes nunca, el Universo te dará lo que estás pidiendo.

No intentes controlar la respuesta. Tú no sabes de dónde vendrá. Tal vez llegue de donde menos te imaginas, de la persona menos esperada o del lugar menos pensado. Así funciona el Universo cuando eliges y aceptas que él contribuya en tus creaciones. Confía en que siempre vendrá lo mejor. El Universo no es tu enemigo, el enemigo eres tú mismo cuando dudas o te quejas. A veces en mis cursos les digo a los asistentes: pídele a Dios que te libere del mal, de tu propio mal, ya no te permitas ser el saboteador de tu destino.

EJERCICIO 9. PREGUNTAS CHINGONAS

- *Post-its*
- Pluma

1. Escribe varias preguntas CHINGONAS que te ayuden a manifestar lo que deseas.

2. Cópialas de aquí o crea las tuyas.

3. Haz preguntas para tu negocio, para mejorar tus relaciones, para viajar, para elevar tu frecuencia vibratoria, para cambiar de trabajo, para aumentar tu dinero, para que tu familia esté mejor. Que la intención de tus preguntas lleve una carga de éxtasis, alegría y amor. No las hagas con desesperación y miedo.

Vive para preguntarte, es mejor que pensar soluciones; mejor pregunta por ellas, confía. ¡Esto es magia!

Dile al Universo cuánto necesitas para vivir con tranquilidad, gozo, alegría y diversión

¿Sabes cuánto dinero necesitas para vivir? ¿Ya hiciste una lista de cuánto dinero requieres mensualmente? Tal vez por eso no te alcanza. Te exhorto a que observes detalladamente cuánto te cuesta vivir tu vida; no saber esto te puede traer consecuencias no tan agradables, pues no adviertes cuánto dinero necesitas para estar feliz, y de esta manera ocuparte en crearlo.

EJERCICIO 10. CLARIFICANDO TUS NECESIDADES

1. En una hoja de papel escribe todos los gastos que tienes: ¿cuánto pagas por tus necesidades?

2. Escribe detalladamente: energía eléctrica, teléfono, gasolina, comidas, renta o hipoteca, gastos escolares, ropa, viajes...

3. También agrega las deudas mensuales en tu lista: si debes 15 mil dólares o 350 mil pesos, divide la deuda entre 12 y agrega el resultado en tu lista.

4. Súmale tu diversión, incluye los masajes, tus idas al cine. Pon una cantidad monetaria para tus cursos, retiros y talleres; el estilista, el gimnasio, las propinas, y así por el estilo.

5. También incluye el pago de los impuestos.

6. Una vez que tengas todo esto, súmalo y aumenta un 10% de lo que ganas, que es el dinero con el cual te honras, y yo agregaría otro 15% o 20%, solamente por diversión.

Lo que estás haciendo con esto es darle claridad al Universo y a ti con respecto de cuánto dinero requieres ganar mensualmente. Probablemente, te percates de que necesitas más del que pensabas. ¡No te espantes! Cada quien sabe el estilo de vida que se quiere dar.

La primera vez que hice este ejercicio no puse propinas ni contemplé los pagos a la Secretaría de Hacienda, tampoco incluí los masajes ni los lujos que comúnmente me gusta darme. Me preguntaba ¿por qué no me alcanza? Cuando anoté todo y me aumenté otra cantidad para diversión, mis ingresos empezaron a mejorar con el fin de poder pagar todo. Lo que sucede aquí es que, si somos claros, vamos a poder crear la intención correcta para llegar a donde queremos. Hazlo cada seis meses.

He leído, visto y oído que muchas personas te invitan a no gastar o usar el dinero, a que lo ahorres para los tiempos difíciles o por si se presenta una enfermedad. Si ahorras para los momentos duros o para cuando estés enfermo, ¿qué crees?, lo estás llamando. Cambia el enfoque y el resultado será distinto. Aprende a pensar en grande. Abre tu vasija para recibir más; si tu contenedor es pequeñito, vas a recibir eso.

No te invito a que te aprietes el cinturón y dejes de lado comodidades y lujos; te quiero llevar a crear más fuentes de ingresos. Te recomiendo que tengas cinco entradas de dinero: por si te falla una, ahí está la otra; por si te despiden de tu empleo, o truena uno de tus negocios, siempre habrá otra entrada que te estará haciendo fuerte. No te concedas permiso de quedarte con ganas de nada. En esta vida sólo vienes a vivir experiencias. Tampoco enseñes a tus hijos, si es que los tienes, que "nunca les alcanza", enséñalos a crear; enseña a pescar en lugar de dar el pescado, que ellos, desde ahorita, ya sepan lo que es manifestar dinero, que te ayuden y te acompañen, inclúyelos en tus proyectos, tal vez puedan abrir un negocio familiar. *La unión hace la fuerza.*

Asesinos de riqueza

Otro consejo es el siguiente: no te juntes con personas que son expertas en matar sueños. Hay gente que creerá que estás loco cuando le cuentes lo que quieres; te va a criticar. No externes tus deseos con cualquiera; a veces quienes están más cerca de ti truncan tus elecciones con su energía, de forma que tardan en manifestarse. ¡Aguas!, pueden ser tus padres, hermanos, tíos o amigos. Tú sabes de quién te estoy hablando. A esos ¡ignóralos! Con ellos puedes hablar de otras cosas. Huye de la gente mediocre; aléjate de los asesinos de riqueza. El hecho de que ellos no puedan con sus miedos, no significa que tú tampoco.

La gente que atrae grandes cantidades de dinero lo hizo porque creyó que podía, y se alejó de personas conformistas con lo que tienen. Si tienes ganas de sincerarte con alguien, contrata a algún *coach* experto en el área, el cual te ayude a enfocarte en lo que más te gusta. No te entrenes para ser bueno, sino para ser de los mejores.

Un asesino de riqueza es una persona miedosa, mediocre, que se siente sabelotodo, pero cuyos hechos no hablan de lo que dice. Se trata de individuos alarmistas que ven muchas noticias, caracterizados por ser personas arrogantes y soberbias que se sienten dueños de la verdad, que viven limitados y que a duras penas pueden viajar dentro de su país. Es gente que casi no viaja o que nunca ha viajado por el mundo, que siempre se queja y dice que el dinero no alcanza, y que todo está difícil. No están dispuestas a pagar para cambiar, quieren la vida gratis o todo se les hace caro. Ellos, por supuesto, no son ricos y dirán cosas como: "no inviertas tu dinero", "no pongas ese negocio", "no lo hagas, está difícil", "no arriesgues tanto", "eso no sirve", "los cursos no funcionan", "no gastes tu dinero en tonterías", "diles que te hagan descuentos". Te van a querer limitar con sus pobres ideas. Debes tratarlos de lejos, que no sean de tu club. Júntate con personas chingonas, arriesgadas, que estudian, que leen, que viajan; ve con aquellos, pues se atreven a ver qué hay detrás de los miedos. Júntate con personas positivas, que juegan a ***ganar-ganar***, que dan sin esperar nada a cambio.

Yo he conocido a muchos nuevos amigos en entrenamientos y cursos; ellos piensan como yo. Me alejé de las personas que tienen miedo porque, aunque no lo creas, todo se contagia.

Usar el dinero vs. gastar dinero

Usa el dinero cuando estás resolviendo un problema. Así sea un choque, una enfermedad no esperada, o cuando reparas tu casa, o le pagas a un abogado para que te oriente. Tal vez sea dinero que no te gustaría invertir en eso —a todos nos gusta usar el dinero en viajes, ropa, aparatos electrónicos, comidas, pequeños y grandes lujos—, pero también te rescata de situaciones difíciles. Paga con amor cuando el dinero te esté resolviendo un problema o te esté cuidando. El dinero es una bendición y un regalo si lo sabes usar. Déjalo ir con la certeza de que regresará multiplicado.

Entusiásmate cuando el dinero circule por otras manos y por otras familias. Deja de pensar que el dinero se te va como agua. No te enojes por usar el dinero donde no quieres o en imprevistos. Agradece que llega de todos lados, en todas direcciones y a cada instante. Déjalo ir con amor y sin apego. Suéltalo, suéltalo, suéltalo con una gran sonrisa, y piensa que la persona que lo recibe también lo disfruta como tú. ¡El dinero da mucha alegría!

Antes de aprender a usar el dinero con consciencia, me enojaba pagar al hojalatero, al doctor, al abogado, o la terapeuta para mi hija. Si había temblores y, por ende, daños materiales, me enojaba pagar las reparaciones del departamento. Sólo dejaba ir el dinero con gusto cuando me compraba cosas que sí elegía, hasta que entendí que no me podía seguir comportando de esa manera tan infantil y mal agradecida; que toda la gente tiene derecho a recibir dinero por cubrir y sanar mis necesidades. Que sea un gusto cuando lo emplees para darte *confort*, alegría, cuidado y experiencias mágicas.

Gastar el dinero es diferente. Lo gastas cuando juegas, apuestas, te drogas o compras cosas que no te convienen; cuando ayudas a personas que no lo van a aprovechar; cuando quieres rescatar a alguien que no quiere ser rescatado; cuando le prestas dinero a personas que siempre se asumen como víctimas y que te manipulan a través de la pobreza para que les tengas lástima; cuando inviertes en negocios sucios o chuecos. Llevar a cabo todo lo anterior sólo tiene consecuencias negativas. ¡Bueno fuera que sólo te cobraran con dinero!, pues a veces te quitan lo que más quieres. ¡Ojo con el uso y el gasto del dinero!

Regala dinero

Regalar dinero genera dinero. Como te dije, el dinero da mucha felicidad. Puedes usarlo sólo para ver sonrisas. ¿Por dónde se empieza? Primero, por aquellos que te están dando un servicio: los meseros, los policías, la gente que trabaja para ti. Después, con los demás: fundaciones o personas que no conoces; pero no lo hagas por lástima, sino por el gozo de dar. ¡Regala! Es como dar tu diezmo por adelantado, pues la cantidad que des impactará en la cantidad que recibes. ¡Estamos sembrando para poder cosechar!

He comprobado esto varias ocasiones. En los momentos donde más miedo tenía a no poder generar, o cuando la idea de pobreza me generaba paranoias, regalaba dinero. No me importaba quedarme con poquitito, es decir, $2000 pesos o 100 dólares. Me animaba a vencer mis miedos y lo lograba. El Universo es tan lindo que premiaba y premia, aún hoy, mi generosidad.

Prueba lo que te estoy diciendo y ábrete a recibir tu cosecha.

Ser, después hacer, y al final tener

No dejaré de enfatizar en que resulta trascendental trabajar primero en ***ser*** y después en ***hacer***. Una vez hecho esto, entonces sí, enfócate en ***tener***. La acción es básica, ¿qué vas a hacer para que tus deseos se cumplan? He observado personas que todavía ni siembran y ya quieren comer los frutos. No han hecho nada y ya quieren recibir. Ten calma, no corras, ¡disfruta el camino! Toma las acciones necesarias para crear tu riqueza, pero primero trabaja en tu espíritu: ¿quién eres?, ¿para qué naciste? Yo pienso que es aburrido venir a hacer sólo dinero a esta tierra, sin dejar una huella; sin hacer una diferencia en el entorno. ¿En qué puedes contribuir hoy? Todo lo demás se da por añadidura.

Sírvele a la vida y ella te comenzará a servir a ti; cuando eres un ser consciente, vales más teniendo dinero que no teniéndolo. Cuando no tienes consciencia, será mejor que la vida te deje pobre porque te haces más daño a ti y a la sociedad. A una persona que no se conoce, que no trabaja en su espiritualidad, que no trabaja en su sombra, el dinero, más que hacerle un bien, le genera un mal. Pero no se trata del dinero, pues de pronto la avaricia y la codicia pueden apoderarse de él o ella. Hay que observarnos continuamente para no atraer estas energías que pueden destruir tu cuerpo, mente y entorno. No te permitas enfermarte de ambición, de esa ambición que destruye, a la que no le importa nada más que su propio beneficio.

He tenido la oportunidad de conocer gente con mucho dinero que, sin embargo, no tiene paz. Creen que valen por lo que tienen y no por lo que son. Algunos me han contado que viven metiéndose cocaína o alcohol en exceso, se vuelven agresivos, rígidos, prepotentes, déspotas; son buenos para hacer negocios, no obstante, viven en el infierno, ¿por qué? Porque no se conocen, no se aman, no valoran su cuerpo ni tampoco lo cuidan. Están enfocados solamente en el hecho de tener. Llega un momento en el cual su vida está vacía y, para no sentir, se vuelven a drogar, se emborrachan o juegan en exceso.

El dinero es una energía súper poderosa y bella, que puedes disfrutar si eres un ser agradecido, consciente, generoso, armonioso, bondadoso y sabio. Si sabes dar y recibir, si sabes ponerte límites y también establecerlos. Si el dinero no te controla, puedes gozar la vida; pero si no trabajas en tu ser, tener dinero puede afectar todas tus áreas.

Que el dinero sea una herramienta que te ayude a conseguir una vida saludable, que te sirva para prevenir enfermedades o problemas, que te acompañe para que disfrutes del amor de tu familia, que sea tu cómplice para conquistar a tu pareja, que con él siembres y coseches éxitos todos los días. Que tu dinero sea una bendición en cada sitio en el cual lo das, que se multiplique; que la gente que labora contigo se sienta orgullosa de tenerte en su vida.

Esto es lo que hace el ser: cuando eres, vibras bonito. El dinero ama a la gente que goza, que se disfruta, que es generosa, compartida, dadora y con fe. Cuando eres así, puedes disfrutar de sus mieles. Esa energía te puede enseñar lugares, personas mágicas y maravillosas; podrás experimentar lo que ni te imaginas que existe. Si trabajas en tu ser, vas a sincronizarte con humanos fabulosos. ¡Anímate a ser amigo del dinero y no esclavo de él!

Estaba pensando que nuestra cabeza es como una cocina; y nuestros pensamientos, como la comida que preparamos: ¿Qué preparas en esa cocina? ¿Cómo son tus pensamientos? ¿Cuáles son los alimentos que eliges tener en esa cocina? ¿Ahí se cocina comida chatarra o comida nutritiva? Diario la usamos y diario hay que lavar los trastes; tenerla súper limpia. Tirar lo que ya no sirve, desinfectar para evitar cucarachas y ratas. Lo mismo pasa con nuestra cabeza; límpiala constantemente para que puedas crear menús deliciosos, ordena tu mente para que obtengas confianza, paz, amor, y así el miedo no trunque tus deseos.

La meditación nos puede ayudar a estar conscientes. Sinceramente, yo no puedo meditar, soy muy activa. Tengo varios escorpiones en mi carta astral, por lo tanto, me es difícil. Cuando me hicieron esa carta comprendí que mi energía es muy alta debido al signo que me rige. A veces parezco hiperactiva. Sin embargo, como sí he podido conocerme es por medio de ***ayahuasca*** y haciendo ***ho'oponopono***. Me encanta decir: "Lo siento, perdón, gracias, te amo, por las memorias que hay en mí y que no me dejan avanzar", "Divinidad: limpia, sana, transmuta todo en luz". También las afirmaciones positivas me han ayudado a estar presente en mi ser. Me gusta hacer oración y agradecer a Dios por todos los días, por un día más. Amo tener paz en mi mente; es la riqueza más grande que puedo experimentar.

Una canalización que me regalaron en Julio de 2019 en una toma de *ayahuasca*, consistió en que me agarrara la cabeza y que dijera: *tengo una mente saludable*, enseguida que pidieron que pusiera las manos en mi corazón para que agregara: *y un corazón agradecido*. Todo ello con la finalidad de calmar a la loca de mi casa: la mente. De esta manera me mantendría en paz a través del perdón.

Si la vida te da dinero, ¿tú qué le das de regreso?

Observo que en esta adicción por tener, si no se trabaja el ser, nos podemos olvidar fácilmente de la fuente que nos aporta todo lo que tenemos: la Tierra, la que nos provee. De ella se extraen los diamantes, el oro, el petróleo, el agua, la madera; las plantas para hacer medicinas, los materiales para construir. Todo ello son recursos que nos cobijan para que podamos crear. ¿De dónde se toma el material para fabricar la computadora? ¿De dónde se consigue el plástico? ¿De dónde se obtienen los recursos? ¡Todo es de la Tierra!

¿De qué nos servirá tener dinero si no cuidamos la Tierra? Lo mismo creo de nuestro cuerpo, él constituye la fuente de energía: ¿Qué le estamos dando para tenerlo saludable? ¿Descansas bien? ¿Cuidas tus emociones para no enfermarlo? ¿Le das vitaminas? Hay enfermedades que no se pueden curar con dinero, ni con todos los millones puedes recuperar la salud ni el tiempo.

Vamos a cuidar los templos en donde vivimos. Si no prevenimos, el dinero no nos salvará. Te invito a que tomes consciencia y hagas tu contribución al planeta; dando, sembrando y cuidando. Igual debes hacerlo con tu cuerpo, pues necesitamos que lo abraces, que lo cuides y también que atiendas tu alimentación. Además, el cuerpo requiere que lo trates con respeto y con amor; ya no te critiques ni te rechaces.

Estoy consciente de que la publicación en papel de este libro destruirá árboles. Tengo el compromiso de devolver a la fuente una parte de las utilidades que se generen, ello con el fin de seguir cuidando nuestro planeta. No puedo tomar sin reponer la energía. Si la vida nos está dando, ¡vamos a darle!, ¡sé el milagro, no esperes un milagro!

ANEXOS

Índice de ejercicios

ACERCA DEL AUTOR

Abogada, egresada de la *Universidad de las Américas*, México. Con maestría en Imagen Pública en el *Colegio de Consultores en Imagen Pública*. Zulem Colin es Coach Ontológico y forma parte de la primera generación de semiólogos, para cual se preparó durante casi cinco años. Tiene varias certificaciones como *Coach*, es maestra de la Filosofía de Louise L. Hay y ha tomado infinidad de cursos en ventas y *marketing* digital, además de ser discípula de Anthony Robbins.

Zulem ha viajado a la selva del Amazonas, en Colombia, con la finalidad de capacitarse con *chamanes* de linaje y aprender sobre plantas. Maneja medicina ancestral con energía cuántica y movimientos sistemáticos chamánicos. Durante un periodo de casi seis años ha caminado con la *ayahuasca* para sanar.

Zulem es una guerrera de la vida, y tras grandes experiencias donde fue retada y confrontada, acompañada de grandes revelaciones, recuperó su autoestima, amor propio y sobre todo el manejo del perdón. Siendo jefa de familia empoderada, sacó adelante a sus dos hijas de 11 y 12 años. Hoy, junto con su esposo, se dedica a despertar consciencia en la gente, empresas, partidos políticos y escuelas inspirando a miles de personas con sus talleres, cursos y retiros en México, Estados Unidos y Latinoamérica.

DATOS DE CONTACTO

- Talleres de Autoestima, Ventas y Desarrollo personal al público en general.
- Cursos de capacitación a empresas, partidos políticos y fundaciones.
- Acompañamiento a empresarios para hacer brillar sus negocios.
- Ayuda para perder peso por medio del *coaching.*
- *Manager de terapeutas y chamanes.*
- Talleres para parejas, adolescentes y niños.
- Constelaciones Familiares.
- Talleres de Biodecodificación.
- Ayuda para tratar enfermedades, adicciones, o depresiones; con *ayahuasca* y sin *ayahuasca*.

m.me/**zulem**coaching

/**zulem**2000@hotmail.com

+52 1 55 14557716

FB/**zulem**coaching

INS /Zulem Colin

YouTube /Zulem Colin

Made in the USA
Las Vegas, NV
01 June 2025

22996957R00073